Das Kapital

《资本论》导读（图文版）

袁辉——著

人民东方出版传媒
People's Oriental Publishing & Media
東方出版社
The Oriental Press

图书在版编目（CIP）数据

《资本论》导读：图文版 / 袁辉著．—北京：东方出版社，2024.1
（马克思主义经典著作导读）
ISBN 978-7-5207-3554-4

Ⅰ．①资… Ⅱ．①袁… Ⅲ．①《资本论》—马克思著作研究 Ⅳ．① A811.23

中国国家版本馆 CIP 数据核字（2023）第 127532 号

《资本论》导读：图文版
（《ZIBENLUN》DAODU：TUWENBAN）

作　　者： 袁辉著
中央党校创新工程“21 世纪马克思主义的重大问题研究”
项目组组织编写 / 李海青总主编
责任编辑： 杨润杰
责任校对： 曾庆全
出　　版： 东方出版社
发　　行： 人民东方出版传媒有限公司
地　　址： 北京市东城区朝阳门内大街 166 号
邮　　编： 100010
印　　刷： 北京市联华印刷厂
版　　次： 2024 年 1 月第 1 版
印　　次： 2024 年 1 月北京第 1 次印刷
开　　本： 710 毫米 ×1000 毫米　1/16
印　　张： 15
字　　数： 200 千字
书　　号： ISBN 978-7-5207-3554-4
定　　价： 59.80 元
发行电话：（010）85924663　85924644　85924641

序

马克思主义是整个人类思想的精华，是中国共产党的指导思想。学习马克思主义，就要认认真真地阅读马克思主义经典著作。正如恩格斯在谈到学习《资本论》时强调指出的：“对于那些希望真正理解它的人来说，最重要的却正好是原著本身。”中国共产党历来重视马克思主义经典著作的学习，党的历代领导人对此都有明确要求。2011 年 5 月 13 日，习近平同志在中央党校春季学期第二批入学学员开学典礼上的重要讲话中指出：马克思主义经典著作蕴含和集中体现着马克思主义基本原理，是马克思主义理论的本源和基础。马克思主义经典著作包含着经典作家所汲取的人类探索真理的丰富思想成果，体现着经典作家攀登科学理论高峰的不懈追求和艰辛历程。阅读经典著作，本身就是增长知识、开阔眼界、增加思想深度和训练思维方式的过程，就是培养高瞻远瞩的战略洞察力和脚踏实地的工作作风的过程，会使我们在潜移默化中受到他们崇高风范和人格力量的熏陶，从而实现自己思想境界和道德情操的升华。他还为学员们推荐了马克思、恩格斯、列宁和毛泽东的著作。2018 年 5 月 4 日，习近平总书记在纪念马克思诞辰 200 周年大会上的讲话中强调指出：共产党人要把读马克思主义经典、悟马克思主义原理当作一种生活习惯、当作一种精神追求，用经典涵养正气、淬炼思想、升华境界、指导实践。

中央党校（国家行政学院）是我们党学习、研究、宣传马克思主义的重要阵地，具有马克思主义经典著作学习研究的光荣传统和深厚积淀。为了帮助广大党员干部和其他各领域的学习者、研究者更好学习、理解、掌握马克思主义经典著作中蕴含的基本观点、基本原理与基本方法，中央党校（国家行政学院）创新工程“21世纪马克思主义的重大问题研究”项目组精选了马克思、恩格斯、毛泽东的最具代表性的一些经典著作，编写了这套马克思主义经典著作导读丛书。

丛书共八册，包括：李海青著《〈共产党宣言〉导读（图文版）》、王虎学著《〈1844年经济学哲学手稿〉导读（图文版）》、袁辉著《〈资本论〉导读（图文版）》、唐爱军著《〈黑格尔法哲学批判〉导读（图文版）》、孙海洋著《〈路德维希·费尔巴哈和德国古典哲学的终结〉导读（图文版）》、王乐著《〈反杜林论〉导读（图文版）》、崔丽华著《〈实践论〉〈矛盾论〉导读（图文版）》、韩晓青著《〈新民主主义论〉导读（图文版）》。

丛书的突出特色主要有：第一，权威性强。丛书的作者均为中央党校（国家行政学院）一直从事马克思主义理论教学与研究的工作者，具有较高的专业素养与理论水平，创作时坚持原原本本地研读马克思主义经典著作，坚持用科学的态度和发展的观点对待马克思主义，力求充分展示马克思主义经典著作的基本原理、科学内涵。第二，理论联系实际。丛书在解读马克思主义经典著作时，坚持用马克思主义观察时代、解读时代、引领时代，坚持理论联系实际，坚持用马克思主义经典著作的基本原理分析和解释重大现实问题，引导党员干部和大众读者带着问题学、联系实际学，进而提高运用马克思主义分析和解决实际问题的能力，用鲜活丰富的当代中国实践推动马克思主义中国化时代化。第三，通俗鲜活生动。真正的马克思主义是鲜活的，马克思主义经典著作导读应该是鲜活的。

丛书力求用通俗的语言，图文并茂地呈现马克思主义经典著作的鲜活生命力。此外，还配有大量的知识链接，也为丛书增色不少。

总之，这套丛书思想性、通俗性兼备。相信丛书的出版，能对广大读者走进马克思主义经典作家的思想世界，把握马克思主义的思想精华有所助益。

感谢东方出版社对这套丛书出版给予的大力支持，感谢编辑为之付出的艰辛努力。

总主编　李海青

目录

引言

习近平总书记在庆祝中国共产党成立100周年大会上的讲话中指出："马克思主义是我们立党立国的根本指导思想，是我们党的灵魂和旗帜。"他在党的二十大报告中进一步指出："中国共产党为什么能，中国特色社会主义为什么好，归根到底是马克思主义行，是中国化时代化的马克思主义行。"尽管与马克思那个时代相比，人类社会已经发生了翻天覆地的变化，"但马克思主义所阐述的一般原理整个来说仍然是完全正确的"[1]，而这些一般原理就蕴藏在马克思主义经典著作之中，需要我们专心致志地读、原原本本地读、反反复复地读，通过细嚼慢咽去感悟马克思主义经典著作历久弥新的思想价值。

实际上，早在陕西省延川县梁家河大队当知青的时候，习近平同志就十分重视研读马克思主义经典著作，据知情人回忆，"近平每次去'五七'干校探亲或外出，总能带回来一些新书。有一次，他带回来厚厚一本郭大力和王亚南翻译的《资本论》，躺在炕上专注地阅读"[2]。正因为如此，2011年5月13日，时任中共中央政治局常委、国家副主席、中央党校校长的习近平同志在春季学期第二批入学学员开学典礼上的讲话中提出，领导干部要重视学习马克思主义经典著作，系统掌握马

1 《习近平谈治国理政》第三卷，外文出版社2020年版，第75页。

2 中央党校采访实录编辑室：《习近平的七年知青岁月》，中共中央党校出版社2017年版，第43—44页。

克思主义基本原理，才能完整准确地理解中国特色社会主义理论体系，才能创造性地运用马克思主义分析和解决面临的实际问题，其中“《资本论》是马克思用毕生精力写成的全面揭示资本主义经济运动规律及危机特征的政治经济学巨著，历史唯物主义、科学社会主义在《资本论》中得到了理论逻辑的科学证明。有条件的领导干部，还是要读读《资本论》，一定会有很大收益”。2015 年 11 月 23 日，习近平总书记主持十八届中央政治局第二十八次集体学习，专门围绕马克思主义经济学基本原理和方法论进行研讨交流，强调“马克思主义政治经济学是马克思主义的重要组成部分，也是我们坚持和发展马克思主义的必修课”，“有些人认为，马克思主义政治经济学过时了，《资本论》过时了。这个论断是武断的，也是错误的”，“现在，各种经济学理论五花八门，但我们政治经济学的根本只能是马克思主义政治经济学，而不能是别的什么经济理论”。[1]2020 年 8 月 24 日，在听取经济社会领域专家对“十四五”规划编制意见和建议的座谈会上，习近平总书记再次强调：“面对错综复杂的国内外经济形势，面对形形色色的经济现象，学习领会马克思主义政治经济学基本原理和方法论，有利于我们掌握科学的经济分析方法，认识经济运动过程，把握经济发展规律，提高驾驭社会主义市场经济能力，准确回答我国经济发展的理论和实践问题。”[2]

通行的《资本论》三卷，中文超过 240 万字，是“马克思主义

1 习近平：《不断开拓当代中国马克思主义政治经济学新境界》，《求是》2020 年第 16 期。

2 习近平：《论把握新发展阶段、贯彻新发展理念、构建新发展格局》，中央文献出版社 2021 年版，第 377—378 页。

最厚重、最丰富的著作”[1]，其影响力遍及所有人文社会学科，不论从哪个时代、哪个学科的角度切入，几乎都能找到对话空间，或读出前人未读出的新意。面对这样一部鸿篇巨制，恩格斯曾在1895年6月28日致菲力浦·屠拉梯的信中指出，“对三卷《资本论》作个梗概的介绍，这是一个作家能给自己提出的最艰巨的任务之一。我认为，在整个欧洲，能从事这项工作的人找不到半打”[2]。在中央党校（国家行政学院）相关教学安排中，《资本论》往往以“导读”形式安排在“基本理论”单元，并且根据学制的长短，分为三讲或一讲不等。但无论是三讲，还是一讲，均要求在两个多小时的时间内完成，讲稿也要求控制在1万字左右，因此，授课和讲稿呈现给学员的，只能是“梗概的梗概”，其目的在于引导并促使学员自己去阅读它，仔细体会和逐步掌握《资本论》所体现的方法论原则和经济学基本原理，进而自觉增强和坚定“四个自信”。

针对这一特点，本书在设计上既不同于高等院校的政治经济学教材，又区别于围绕马克思经济观点的研究型著作，更不是《资本论》的词典、节选或摘编，而是如马克思本人所言，把《资本论》当作一个“艺术的整体”，力争在有限的篇幅内概括《资本论》三卷的精要内容，阐明马克思描绘的资本运动图景及其矛盾后果，尽管这样做会不可避免地舍掉许多理论细节。

导读重在“导”，意在“读”，它最终依赖读者的切身体悟：一方面，我们应学会按照作者写作的原样去阅读试图加以利用的著作，做到“原原本本”；另一方面，又要结合自己独特的知识背景、

1 习近平:《在纪念马克思诞辰200周年大会上的讲话》,《人民日报》2018年5月5日。
2 《马克思恩格斯〈资本论〉书信集》，人民出版社1976年版，第590页。

社会阅历和当下关切来理解它，并从中受益，实现“与时俱进”。

现在，让我们一起走近马克思，开始阅读《资本论》吧！

袁　辉

2023 年 10 月

第一章

《资本论》概览

马克思的观点极其彻底而严整，这是马克思的对手也承认的，这些观点总起来就构成作为世界各文明国家工人运动的理论和纲领的现代唯物主义和现代科学社会主义。

德国西南部的特里尔是一座拥有2000多年历史的古城，该城的布吕肯巷664号（今布吕肯街10号），坐落着一栋巴洛克风格的小楼，1818年5月5日，卡尔·马克思就诞生于此。近半个世纪之后的1867年，《资本论》第一卷在汉堡出版的消息发表在9月14日的《德国书报业行市报》上。考虑到马克思自1842年起作为《莱茵报》的编辑就需要对物质利益发表意见，从而转向经济问题研究，这部中文逾90万字的大部头著作，马克思认真准备、撰写和修改了20余年，恰如弗里德里希·恩格斯指出的，“这部著作是整个一生科学研究的成果。它是工人阶级政治经济学的科学表述。这里所涉及的不是鼓动性的词句，而是严密的科学结论。任何人，不管他对社会主义采取什么态度，都不能不承认，社会主义在这里第一次得到科学的论述”[1]。1883年马克思逝世之后，恩格斯根据他留下的大量手稿，分别于1885年、1894年编辑出版了《资本论》第二卷和第三卷。

一、《资本论》的创作历程

《资本论》不是自发产生的结果，也不是一蹴而就的产物，它是马克思这位哲学博士在二十四五岁结束

1 《马克思恩格斯全集》第16卷，人民出版社1964年版，第411—412页。

学业、接触社会、遇到矛盾、亲历问题之后，不断反思、争论、研究、批判的最终结晶，同时也凝结着恩格斯的大量汗水和智慧，因此，“它的科学是由这两位学者和战士创造的”[1]。

（一）马克思的童年与大学时代

马克思没上过小学，他的启蒙教育是在父亲亨利希·马克思[2]的指导下完成的。12岁时，马克思进入特里尔中学学习，并在那里受到了民主思想的熏陶，在5年后写下的著名毕业作文中立下了“为人类而工作”的远大抱负。他写道:“如果我们选择了最能为人类而工作的职业，那么，重担就不能把我们压倒，因为这是为大家作出的牺牲；那时我们所享受的就不是可怜的、有限的、自私的乐趣，我们的幸福将属于千百万人，我们的事业将悄然无声地存在下去，但是它会永远发挥作用，而面对我们的骨灰，高尚的人们将洒下热泪。”[3]

1835年中学毕业以后，马克思按照父亲的愿望，离开特里尔进入波恩大学学习法律。在那里，马克思除了以极大热情学习知识，还写下大量献给父亲和恋人燕妮的诗篇。[4]因为对在波恩一年的生活非常不满，马克思于次年冬季转到柏林大学法律系继续学业。在柏林大学学习期间，马克思起初广泛阅读了法学著作，但不

1 《列宁专题文集·论马克思主义》，人民出版社2009年版，第58页。
2 马克思的父亲是当地有名的律师，思想开明，学识渊博。
3 《马克思恩格斯全集》第1卷，人民出版社1995年版，第459—460页。
4 具体细节参见［英］戴维·麦克莱伦:《马克思传》，王珍译，中国人民大学出版社2011年版，第21页。

久就专心致力于研究历史和哲学，如他本人回忆，“我学的专业本来是法律，但我只是把它排在哲学和历史之次当做辅助学科来研究”[1]。由于用功过度，“熬过了许多不眠之夜”[2]，马克思的身体健康受到严重影响，他不得不遵照医生建议，来到柏林附近的小村庄施特拉劳休养。

从他 1837 年 11 月初给父亲的一封信中，我们可以很清楚地看到马克思这段时期

1 《马克思恩格斯文集》第 2 卷，人民出版社 2009 年版，第 588 页。

2 《马克思恩格斯全集》第 40 卷，人民出版社 1982 年版，第 14 页。

马克思的故乡德国特里尔
中新图片 / 彭大伟摄↑

的状态和思想变化过程。“到了柏林以后，我断绝了从前的一切交往，有时去看人也是勉强的，只想专心致志于科学和艺术。”“写诗可以而且应该仅仅是附带的事情，因为我应该研究法学，而且首先渴望专攻哲学。”[1] 在患病休养期间，马克思说：“从头到尾读了黑格尔的著作，也读了他大部分弟子的著作。由于在施特拉劳常和朋友们见面，我接触到一个‘博士俱乐部’。”[2] 通过研究和讨论，马克思从先前不喜欢黑格尔“那种离奇古怪的调子”[3] 到转向黑格尔哲学以解决其精神危机，“从理想主义，——顺便提一提，我曾拿它同康德和费希特的理想主义比较，并从其中吸取营养，——转而向现实本身去寻求思想。如果说神先前是超脱尘世的，那么现在它们已经成为尘世的中心”[4]。国际知名的马克思主义研究者、《马克思传》的作者、英国肯特大学教授戴维·麦克莱伦指出，这一转向“很可能是马克思整个一生思想发展中最重要的一步。不论马克思多么激烈地批判黑格尔、指责他的唯心主义，并尽力使他的辩证法‘用双脚’立地，但他是第一个承认了自己的方法直接源于他的这位 19 世纪 30 年代导师的人”[5]。

1839 年初，马克思开始钻研古希腊哲学，写了 10 万多字的读书笔记，于 1841 年 4 月 15 日凭借递交给耶拿大学[6] 的论文《德谟克利特的自然哲学和伊壁鸠鲁的自然哲学的差别》，在本人没有到

1 《马克思恩格斯全集》第 40 卷，人民出版社 1982 年版，第 9、10 页。

2 同上书，第 16 页。

3 同上书，第 15 页。

4 同上。

5 ［英］戴维·麦克莱伦：《马克思传》，王珍译，中国人民大学出版社 2011 年版，第 32 页。

6 参见上书，第 44 页。

知识链接

耶拿大学

耶拿大学是一所规模较小的大学，马克思将论文递交给耶拿大学而不是就读的柏林大学，很可能是因为在那里“非常容易获得博士头衔”，并得到了该校文学教授沃尔弗的帮助。

德谟克利特和伊壁鸠鲁

德谟克利特，约公元前460—前370，古希腊哲学家，提出原子论。伊壁鸠鲁，公元前341—前270，古希腊哲学家、无神论者。

场的情况下，获得了该校的哲学博士学位。在论文中，马克思揭示了伊壁鸠鲁原子学说的积极意义和辩证法因素，并通过序言向宗教黑暗势力公开宣战，表明了战斗无神论的鲜明立场。[1]

…

1　参见中央编译局编:《马克思画传：马克思诞辰200周年纪念版》，重庆出版集团2018年版，第21页。

（二）马克思的经济学研究转向

由于种种原因，马克思未能谋取到大学教职，遂转向新闻业，先后为阿尔诺德·卢格主编的《德意志年鉴》和新创办的《莱茵报》[1]撰稿。1842 年 10 月，马克思在科隆被聘为《莱茵报》编辑，10 月 25 日至 11 月 3 日，他报道了莱茵省议会关于林木盗窃法的辩论情况。根据新的法律——代表特权贵族的诉求，穷人原本遵循习惯在林子里捡拾枯枝的做法将被视为占有他人林木，是应该禁止的盗窃行为。马克思激烈反对这项法律，他以自然法的存在为基础，捍卫体现自由的贫民的习惯法。在过去，贫民一直拥有捡拾枯枝的基本权利，这一权利本身在习惯法"内"，它不是"盗窃"，但是"贫民的习惯尚未在有意识的国家制度范围内找到应有的地位，相反，持续了成千上万年之久的贫民捡拾枯树的习惯要被非法地终止了……马克思看到，在所有把特权变成法的过程中，把穷人的习惯法变成了富人的独占权"[2]。在《关于林木盗窃法的辩论》一文中，马克思详细考察了各等级的意见，对它们进行了批判，但是其中涉及的林木所有者（贵族）和捡拾枯枝者（贫民）之间的利益冲突，以及法与国家的关系还是时常使马克思感到困惑并产生"苦恼的疑问"[3]，这些困惑和疑问已经超出了法律和哲学的研究视域，需要

1 指《莱茵政治、商业和工业日报》，在马克思担任编辑期间，该报日益具有明显的革命民主主义政治倾向，引起了普鲁士当局的不满，于 1843 年 4 月 1 日被查封。

2 张文喜:《马克思的理性主义国家观及其法的正义批判》，《教学与研究》2013 年第 10 期。

3 《马克思恩格斯文集》第 2 卷，人民出版社 2009 年版，第 591 页。

在政治经济学中寻找答案。马克思在1859年出版的《政治经济学批判。第一分册》的序言中回顾了他转向政治经济学研究的经过："1842—1843年间，我作为《莱茵报》的编辑，第一次遇到要对所谓物质利益发表意见的难事。莱茵省议会关于林木盗窃和地产析分的讨论，当时的莱茵省总督冯·沙培尔先生就摩泽尔农民状况同《莱茵报》展开的官方论战，最后，关于自由贸易和保护关税的辩论，是促使我去研究经济问题的最初动因。"[1]

1843年5月，马克思来到当时燕妮及其母亲居住的莱茵省小镇克罗伊茨纳赫，二人于6月19日举行了婚礼。在克罗伊茨纳赫期间，马克思写了5本笔记，研究了公有制如何转变为私有制，封建所有制怎么转变为资本主义所有制，封建所有制和资本主义所有制对政治制度的影响等问题，是唯物史观的源头。[2] 同年10月底，马克思到达巴黎，与卢格一起筹办并出版《德法年鉴》。1844年2月，《德法年鉴》第一、二期合刊出版，马克思发表了《〈黑格尔法哲学批判〉导言》和《论犹太人问题》，完成了从唯心主义到唯物主义、从革命民主主义到共产主义的转变，如他在《导言》中强调的，"批判的武器当然不能代替武器的批判，物质力量只能用物质力量来摧毁；但是理论一经掌握群众，也会变成物质力量。理论只要说服人，就能掌握群众；而理论只要彻底，就能说服人。所谓彻底，就是抓住事物的根本。而人的根本就是人本身"[3]。发表在这一期的，还有恩格斯的《国民经济学批判大纲》，它无疑启迪了马克

1 《马克思恩格斯文集》第2卷，人民出版社2009年版，第588页。

2 参见张钟朴：《〈资本论〉创作史系列讲座之一——从〈克罗茨纳赫笔记〉到〈伦敦笔记〉》，《马克思主义与现实》2012年第5期。

3 《马克思恩格斯文集》第1卷，人民出版社2009年版，第11页。

思对政治经济学的看法。据马克思回忆，“自从弗里德里希·恩格斯批判经济学范畴的天才大纲发表以后，我同他不断通信交换意见，他从另一条道路得出同我一样的结果”[1]。8月28日，两位因文章而相识相知的革命导师在巴黎的雷让斯咖啡馆进行了历史性会晤，从此结下了为共产主义事业共同奋斗的伟大友谊。在巴黎期间，马克思还写了《巴黎笔记》，这是他第一次研究经济学的成果，得出了世界变革的原因要到经济学中去寻找的结论。

1845年2月，因受到法国政府的驱逐，马克思不得不前往布鲁塞尔；4月，恩格斯也从德国迁居布鲁塞尔，与马克思一起从事研究工作。7—8月，马克思在恩格斯的陪同下，先后到英国的曼彻斯特和伦敦进行了为期6周的考察。曼彻斯特是英国的纺织业中心之一，恩格斯家族纺织厂的总部就坐落在这里，马克思一方面亲身体会到机器大工业带来的生产力巨大进步和“庞大的商品堆积”[2]，另一方面愤慨于“不列颠工业像吸血鬼一样，只有靠吮吸人血，其中也有儿童的血，才能生存”[3]，因而迫切需要建立科学理论揭示现象背后的客观规律。这段时间，马克思留下了《布鲁塞尔笔记》（1845—1847年）和《曼彻斯特笔记》（1845年7—8月），撰写了《关于费尔巴哈的提纲》（1845年）、批判蒲鲁东《贫困的哲学》的《哲学的贫困》（1847年），与恩格斯合著《神圣家族》《德意志意识形态》（1845年秋—1846年5月），起草并发表了《共产党宣言》（1848年）。其中，通过《关于费尔巴哈的提纲》，马克思

1 《马克思恩格斯文集》第2卷，人民出版社2009年版，第592—593页。
2 《马克思恩格斯文集》第5卷，人民出版社2009年版，第47页。
3 《马克思恩格斯文集》第3卷，人民出版社2009年版，第12页。

知识链接

皮埃尔 - 约瑟夫 · 蒲鲁东

皮埃尔－约瑟夫·蒲鲁东（1809—1865），法国政论家、经济学家、社会学家、小资产阶级思想家，宣扬维护小私有制的改良主义观点。

论述了实践是检验真理标准的思想，指出“人的本质不是单个人所固有的抽象物，在其现实性上，它是一切社会关系的总和”[1]，是“包含着新世界观的天才萌芽的第一个文献”[2]；《德意志意识形态》从现实人的物质生产实践出发，揭示了社会存在决定社会意识，标志着历史观的根本变革；《共产党宣言》则“是第一次全面阐述科学社会主义原理的伟大著作。《共产党宣言》深刻阐述了马克思主义的科学世界观，深刻阐述了马克思主义政党的先进品格，深刻阐述了马克思主义政党的政治立场，深刻阐述了马克思主义政党的崇高理想，深刻阐述了马克思主义的革命纲领，深刻阐述了马克思主义政党的国际主义精神”[3]。

1 《马克思恩格斯文集》第 1 卷，人民出版社 2009 年版，第 501 页。

2 《马克思恩格斯文集》第 4 卷，人民出版社 2009 年版，第 266 页。

3 《深刻感悟和把握马克思主义真理力量　谱写新时代中国特色社会主义新篇章》，《人民日报》2018 年 4 月 25 日。

1848年初，一场革命风暴席卷欧洲大陆，各国反动政府也加紧了对进步人士的迫害。3月3日，马克思接到比利时当局限令他24小时内离境的命令，在遭到拘留18小时后匆忙前往巴黎；4月11日，马克思和恩格斯来到科隆筹办《新莱茵报》，并以它为阵地，向普鲁士乃至整个欧洲的封建制度发起猛烈攻击。1849年5月16日，马克思收到普鲁士政府的驱逐令，再次来到巴黎，不久巴黎政府又下达驱逐令，马克思不得不于8月24日离开巴黎前往伦敦，这是他一生中第四次遭到驱逐。在经历上述一系列事件和变故之后，马克思在泰晤士河畔的伦敦，利用英国博物馆中堆积着的大量政治经济学资料，并结合世界上工业最发达国家资产阶级和无产阶级的发展状况，重新开始了经济学研究，为《资本论》的创作和出版奠定了坚实的基础。

（三）《资本论》及其手稿的创作和出版

2012年8月，《马克思恩格斯全集》历史考证版第二版（MEGA2）第2部分第4卷第3册出版，至此马克思在1857—1881年写下的《资本论》所有手稿已经全部面世。根据分期，可以把这些手稿的创作和出版分为四个阶段。[1]

1.《1857—1858年经济学手稿》

1857—1861年，马克思创作了《1857—1858年经济学手稿》，并以此为基础于1859年6月发表了《政治经济学批判。第一分册》。

1 参见徐洋:《从创作史看〈资本论〉的现实意义——访中央编译局张钟朴研究员》,《马克思主义理论学科研究》2017年第1期。

知识链接

MEGA

MEGA 全称为 Marx-Engels-Ges-amtausgabe，即马克思恩格斯全集，为区别于最初由苏联人达维德·鲍里索维奇·梁赞诺夫主持编辑出版的《马克思恩格斯全集》历史考证版第一版（MEGA1），学术界把 20 世纪六七十年代苏联和东德有关专家合作编辑、90 年代由新成立的国际马克思恩格斯基金会接手推进的《马克思恩格斯全集》历史考证版第二版称为“MEGA2”。

《1857—1858 年经济学手稿》通常又称为《政治经济学批判大纲》，是马克思的第一部经济学手稿，它以唯物史观为基础，以经过改造的黑格尔的辩证法为工具，通过与资产阶级经济学家的论战，逐渐形成和发展出了自己的理论，是马克思构建理论体系的第一次尝试。这部手稿确立的“劳动二重性理论”在经济思想史上具有突破性、革命性的成就，是区分资产阶级经济学和马克思主义经济学的分水岭。此外，该手稿还在资本的生产性和局限性、大机器生产和科学在生产中的运用、社会发展和共产主义等问题上取得了多方面的成果[1]，在《资本论》创作史上具有里程碑意义，是通往《资本论》的思想驿站。在随后出版的《政治经济学批判。第一分册》序言中，马克思还对唯物史观作了经典表述。

2.《1861—1863 年经济学手稿》

1861—1863 年，马克思创作了《1861—1863 年经济学手稿》，它一开始是作为《政治经济学批判。第一分册》后续的第二分册来写的，但是随着写作过程的推进和研究议题的拓展，最终演变成规模宏大的草稿。该手稿约有一半篇幅是对资产阶级经济学史的批判，是《剩余价值理论》(《资本论》第四卷）的基础，正如恩格斯所言，它涉及“政治经济学核心问题即剩余价值理论的详细的批判史，同时以同前人进行论战的形式，阐述了大多数后来在第二册和第三册手稿中专门地、在逻辑的联系上进行研究的问题。这个手稿的批判部分，除了许多在第二册和第三册已经包括的部分之外，我打算保留下来，作为《资本论》第四册出版”[2]。该手稿的另一重要方面是，它从平均利润、生产价格出发，阐明了剩余价值的各种表现形式，如商业利润、企业主收入、利息、地租等，如果说《1857—1858 年经济学手稿》制定了狭义剩余价值理论，创造了劳动二重性等一系列科学理论，那么，《1861—1863 年经济学手稿》通过揭示剩余价值的特殊形式，制定了广义剩余价值理论，是《资本论》创作史上的第二个里程碑。[3]

1 参见张钟朴:《〈资本论〉第一部手稿(〈1857—1858 年经济学手稿〉)——〈资本论〉创作史研究之二》,《马克思主义与现实》2013 年第 5 期。

2 《马克思恩格斯文集》第 6 卷，人民出版社 2009 年版，第 4 页。

3 参见张钟朴:《〈资本论〉第二部手稿(〈1861—1863 年经济学手稿〉)——〈资本论〉创作史研究之三》,《马克思主义与现实》2014 年第 1 期。

1862 年 12 月 28 日，马克思在致好友路德维希·库格曼的信中提到，《政治经济学批判》“第二部分终于脱稿，只剩下誊清和付排前的最后润色了。这部分大约有 30 印张。它是第一分册的续篇，将以《资本论》为标题单独出版，而《政治经济学批判》只作为副标题。其实，它只包括本来应构成第一篇第三章的内容，即《资本一般》。这样，这里没有包括资本的竞争和信用”[1]。马克思的这一决定，使后两部手稿的主标题由原来的“政治经济学批判”变为“资本论”。

3.《1863—1865 年经济学手稿》

1863—1867 年，马克思创作了《1863—1865 年经济学手稿》，并于 1867 年 9 月出版了《资本论》第一卷。《1863—1865 年经济学手稿》是马克思在 1863—1867 年间取得的相对独立的研究成果，如果说前两部手稿是马克思在批判资产阶级经济学理论的过程中对一个又一个理论的突破，那么，第三部手稿最重要的理论成果就是在从抽象到具体的叙述方法的指导下，建立起了《资本论》三卷的结构体系：它的第一册是《资本的生产过程》，第二册是《资本的流通过程》，第三册是《总过程的各种形态》，其中，第三册的“主要手稿”是《资本论》第三卷的唯一全卷手稿。[2] 马克思在 1866 年 2 月 20 日致恩格斯的信中这样评价，“在像我这样的著作中细节上的缺点是难免的。但是结构，即整个的内部联系是德国科学的辉煌成就，这是单个的德国人完全可以承认的，因为

1 《马克思恩格斯文集》第 10 卷，人民出版社 2009 年版，第 196 页。

2 参见张钟朴：《〈1863—1865 年经济学手稿〉——〈资本论〉创作史研究之四》，《马克思主义与现实》2015 年第 1 期。

这决不是他的功绩，而是全民族的功绩”[1]。

按照马克思的设想，《资本论》共三卷四册，第一卷德文第一版于1867年9月由汉堡的奥托·迈斯纳出版社出版，印数为1000册，考察资本的生产过程，而“第二卷将探讨资本的流通过程（第二册）和总过程的各种形式（第三册），第三卷即最后一卷（第四册）将探讨理论史”[2]。后来恩格斯在编辑第二卷和第三卷时，直接把第二册和第三册各编成了单独一卷，这就是我们现在看到的《资本论》三卷。列宁指出：“马克思还没有把他那部论述资本的巨著整理完毕就逝世了。可是，这部著作的草稿已经完成，于是恩格斯在他的朋友逝世后就从事整理和出版《资本论》第2卷和第3卷的艰巨工作……整理这两卷《资本论》，是一件很费力的工作。奥地利社会民主党人阿德勒说得很对：恩格斯出版《资本论》第2卷和第3卷，就是替他的天才朋友

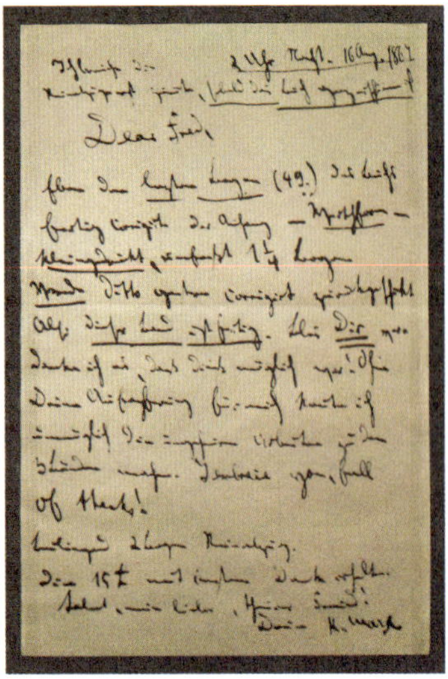

1867年8月16日深夜2时，马克思看完了《资本论》第一卷最后一个印张的校样后，抑制不住激动，连夜写信给恩格斯。图为马克思写给恩格斯的信　海峰 / 供图↑

1 《马克思恩格斯文集》第10卷，人民出版社2009年版，第236页。

2 《马克思恩格斯文集》第5卷，人民出版社2009年版，第13页。

建立了一座庄严宏伟的纪念碑，无意中也把自己的名字不可磨灭地铭刻在上面了。”[1] 至于理论史部分，恩格斯没有来得及完成，在他去世之后，由卡尔·考茨基于1905—1910年编辑成《剩余价值理论》分三卷出版，未沿用《资本论》的书名。

4.《1867—1882年经济学手稿》

1867—1883年，马克思创作了《1867—1882年经济学手稿》，同时出版了《资本论》第一卷德文第二版、法文版，并着手出版第一卷德文第三版。到了马克思晚年，资本主

带有马克思亲笔批注的1867年出版的《资本论》第一卷第一版　中新图片/彭大伟摄↑

1 《列宁专题文集·论马克思主义》，人民出版社2009年版，第58页。

义社会经济出现了许多新的现象，比如，资本周转和交通工具的发展，货币、信用、虚拟资本和股份资本的新形态，地租和土地所有权问题，美国经济的发展和经济危机等。马克思敏锐地觉察到了这些变化，力求对它们加以概括和研究，以便吸收到《资本论》中去。他在 1879 年 4 月 10 日致尼古拉·弗兰策维奇·丹尼尔逊的信中强调，“在英国目前的工业危机还没有达到顶峰之前，我决不出版第二卷……必须注意目前事件的进展，直到它们完全成熟，然后才能把它们‘消费到生产上’，我的意思是‘理论上’”[1]；在 1880 年 6 月 27 日致斐迪南·多梅拉·纽文胡斯的信中又说，“在目前条件下，《资本论》的第二卷在德国不可能出版，这一点我很高兴，因为恰恰是在目前某些经济现象进入了新的发展阶段，因而需要重新加以研究”[2]。正如德国《马克思恩格斯全集》历史考证版（MEGA2）编辑研究专家、MEGA2 第Ⅱ部分负责人卡尔－埃里希·福尔格拉夫指出的，《资本论》是一部到最后还在形

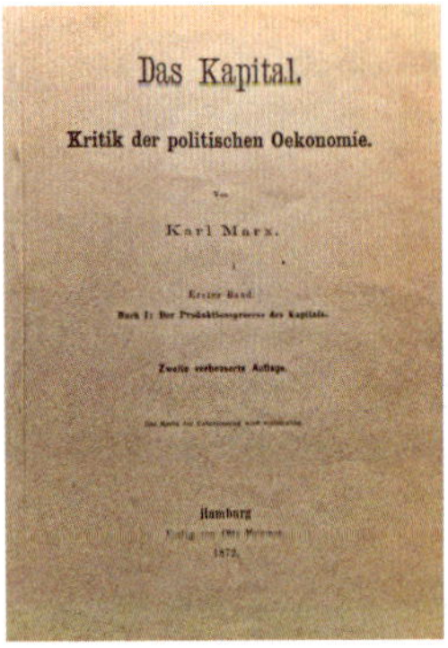

1867 年 9 月 14 日，《资本论》第一卷在德国正式出版，第二至四卷在他逝世后陆续由恩格斯、考茨基整理出版。这是 1872 年德文版《资本论》第一卷封面　海峰 / 供图↑

1 《马克思恩格斯文集》第 10 卷，人民出版社 2009 年版，第 431 页。

2 同上书，第 449 页。

知识链接

尼古拉 · 弗兰策维奇 · 丹尼尔逊

尼古拉·弗兰策维奇·丹尼尔逊（1844—1918），俄国经济学家、政论家和民粹派思想家，因翻译《资本论》，与马克思、恩格斯有书信往来。

斐迪南 · 多梅拉 · 纽文胡斯

斐迪南·多梅拉·纽文胡斯（1846—1919），荷兰工人运动活动家，荷兰社会民主党创始人之一。

成中的著作。[1]

总之，从 1843 年开始从事经济问题研究以来到 1883 年逝世，马克思在长达 40 年的时间里写下了大量经济学笔记、手稿，它们真实记录了马克思的思想变化和理论构建过程，即通过研究和批判黑格尔，制定了唯物史观，确定了经济研究的方法论原则，实现了

1 参见［德］福尔格拉夫：《〈资本论〉：一部到最后还在形成中的著作》，《马克思主义与现实》2015 年第 6 期。

从不承认劳动价值论到坚持科学的劳动价值论的转变，进而初步建立起庞大的理论体系，以揭示现代社会的运动规律和资本主义的历史趋势。这一艰苦卓绝的研究过程表明，马克思的见解，“不管人们对它怎样评论，不管它多么不合乎统治阶级的自私的偏见，却是多年诚实研究的结果”[1]。

(四)《资本论》的思想来源

列宁曾盛赞“马克思是19世纪人类三个最先进国家中的三种主要思潮——德国古典哲学、英国古典政治经济学以及同法国所有革命学说相联系的法国社会主义——的继承者和天才的完成者。马克思的观点极其彻底而严整，这是马克思的对手也承认的，这些观点总起来就构成作为世界各文明国家工人运动的理论和纲领的现代唯物主义和现代科学社会主义”[2]。根据这一表述，可以把《资本论》的思想来源分为以下三大部分：

1. 德国古典哲学

我们已经知道，马克思在读大学时就“渴望专攻哲学”，并且通读了黑格尔的著作，曾加入青年黑格尔派的博士俱乐部；其博士论文以德谟克利特和伊壁鸠鲁自然哲学的差别为主题，表明他熟悉古希腊的哲学思想。实际上，从马克思留下的大量著作、笔记和通信可以看出，他能够很熟练地引用和评论从古希腊到他那个时代很多哲学家的观点，包括斯宾诺莎、莱布尼茨、康德和黑格尔，等

1 《马克思恩格斯文集》第2卷，人民出版社2009年版，第594页。
2 《列宁专题文集·论马克思主义》，人民出版社2009年版，第7页。

等。在与黑格尔唯心主义决裂和批判旧唯物主义不够彻底的过程中，马克思接受和发展了黑格尔哲学革命性的一面——辩证法，创立了指导其研究工作的总原则，即唯物主义历史观。

2. 17—19 世纪中期的古典政治经济学

17—19 世纪中期的古典政治经济学主要集中在英国，但不限于此。在对经济思想史批判的巨著《剩余价值理论》中，马克思把英国古典经济学家威廉·配第、亚当·斯密、大卫·李嘉图和詹姆斯·斯图亚特等，以及法国重农学派的代表人物弗朗索瓦·魁奈、杜尔阁和后来的西斯蒙第、萨伊，乃至美国的经济学家亨利·凯里等都纳入了分析视域进行深度批判。马克思的通常做法是，先从上述资产阶级经济学家的著作中摘录出主要观点和关键论据，而后深入分析以期寻找理论矛盾和漏洞，在对其进行修正的过程中阐明自己的立场。举例来说，亚当·斯密和大卫·李嘉图奠定了劳动价值论的基础，马克思则继承了他们的事业，严密论证并且彻底发展了

知识链接

威廉·配第

威廉·配第（1623—1687），英国经济学家和统计学家，资产阶级古典政治经济学的创始人，提出“劳动是财富之父，土地是财富之母”。

这个理论。正如《资本论》副标题所暗示的，它始终围绕“政治经济学批判”形成和发展。

3. 乌托邦社会主义

19世纪初，西欧出现了各种社会主义学说，其中尤以英国的欧文、法国的圣西门和傅立叶为代表。但是由于当时不成熟的资本主义生产状况和阶级状况的限制，乌托邦社会主义提出的解决社会问题的方案仅仅是“发明一套新的更完善的社会制度，并且通过宣传，可能时通过典型示范，从外面强加于社会。这种新的社会制度是一开始就注定要成为空想的，它越是制定得详尽周密，就越是要陷入纯粹的幻想”[1]，1848年欧洲革命的失败充分说明了这一点。凭借唯物主义历史观和剩余价值学说的透镜，马克思除旧立新，把“社会主义变成了科学”[2]，因为“只有马克思的哲学唯物主义，才给无产阶级指明了如何摆脱一切被压迫阶级至今深受其害的精神奴役的出路。只有马克思的经济理论，才阐明了无产阶级在整个资本主义制度中的真正地位”[3]。

当然，这三种知识传统是融会在一起的。当代美国著名马克思主义理论家大卫·哈维认为，它们激发了马克思对资本主义的批判性分析，为了把当时流行的乌托邦式的社会主义发展成科学共产主义，马克思“基于对古典政治经济学的、基本的英国传统的审视，使用了批判哲学所具有的德国传统工具，他使用所有这些手段是为了给予法国乌托邦以内在动力，从而回答下列问题：什么是共产主

1 《马克思恩格斯文集》第3卷，人民出版社2009年版，第528—529页。

2 同上书，第546页。

3 《列宁专题文集·论马克思主义》，人民出版社2009年版，第71页。

义，共产主义者该如何思考？我们应该如何科学地理解和批判资本主义，以便更有效地铺就走向共产主义的大道？”[1]

二、《资本论》的研究对象

在《资本论》第一卷的序言中，马克思开宗明义，对《资本论》的研究对象作了精确表述，即“我要在本书研究的，是资本主义生产方式以及和它相适应的生产关系和交换关系。到现在为止，这种生产方式的典型地点是英国。因此，我在理论阐述上主要用英国作为例证”，“最终目的就是揭示现代社会的经济运动规律”[2]。

首先，什么是“资本主义生产方式”？马克思在多种意义上使用了生产方式这一抽象概念，大体说来，有广义和狭义之分。广义的“资本主义生产方式”指的是资本主义制度、整个经济社会形态；狭义的“生产方式”指的是劳动者和技术相结合的方式。[3]“不论生产的社会的形式如何，劳动者和生产资料始终是生产的因素。但是，二者在彼此分离的情况下只在可能性上是生产因素。凡要进行生产，它们就必须结合起来。实行这种结合的特殊方式和方法，使社会结构区分为各个不同的经济时期。”[4]在资本主义社会，雇佣

1 ［美］大卫·哈维:《跟大卫·哈维读〈资本论〉》，刘英译，上海译文出版社 2014 年版，第 7 页。

2 《马克思恩格斯文集》第 5 卷，人民出版社 2009 年版，第 8、10 页。

3 参见徐洋:《访张钟朴：从创作史看〈资本论〉的现实意义——访中央编译局张钟朴研究员》，《马克思主义理论学科研究》2017 年第 1 期。张钟朴建议，把马克思亲自修订的法文版与德文版对照起来理解《资本论》第一卷中不好理解的地方。

4 《马克思恩格斯文集》第 6 卷，人民出版社 2009 年版，第 44 页。

劳动是资本形成的必要条件，是资本主义生产的必要前提，它们二者相结合的资本主义生产方式，对生产关系、交换关系和分配关系起着支配和决定作用。也就是说，“我们称为资本主义生产的是这样一种社会生产方式，在这种生产方式下，生产过程从属于资本，或者说，这种生产方式以资本和雇佣劳动的关系为基础，而且这种关系是起决定作用的、占支配地位的生产方式”[1]。因此，要

马克思在书房里写作　文化传播 / 供图↑

1 《马克思恩格斯全集》第 32 卷，人民出版社 1998 年版，第 153—154 页。

理解《资本论》，必须紧紧抓住“资本和雇佣劳动的关系”这一牛鼻子。恩格斯在《资本论》第一卷出版后为《民主周报》写的书评中也强调，“自从世界上有资本家和工人以来，没有一本书像我们面前这本书那样，对于工人具有如此重要的意义。资本和劳动的关系，是我们全部现代社会体系所围绕旋转的轴心，这种关系在这里第一次得到了科学的说明”[1]。

其次，为什么研究的是“资本主义生产方式以及和它相适应的生产关系和交换关系”？恩格斯在评论 1859 年出版的《政治经济学批判。第一分册》时已经指出：“政治经济学从商品开始，即从产品由个别人或原始公社相互交换的时刻开始。进入交换的产品是商品。但是它成为商品，只是因为在这个物中、在这个产品中结合着两个人或两个公社之间的关系，即生产者和消费者之间的关系，在这里，两者已经不再结合在同一个人身上了。在这里我们立即得到一个贯穿着整个经济学并在资产阶级经济学家头脑中引起过可怕混乱的特殊事实的例子，这个事实就是：经济学研究的不是物，而是人和人之间的关系，归根到底是阶级和阶级之间的关系；可是这些关系总是同物结合着，并且作为物出现。”[2] 经济研究旨在拨开物与物之间关系的迷障，分析人们之间的利益和关系。比如，“商品交换表现着各个生产者之间通过市场发生的联系。货币意味着这一联系愈来愈密切，把各个生产者的全部经济生活不可分割地联结成一个整体。资本意味着这一联系进一步发展：人的劳动力变成了商

1 《马克思恩格斯文集》第 3 卷，人民出版社 2009 年版，第 79 页。

2 《马克思恩格斯文集》第 2 卷，人民出版社 2009 年版，第 604 页。

品”[1]。马克思经济著作的深刻之处正是在于，“凡是资产阶级经济学家看到物与物之间的关系（商品交换商品）的地方，马克思都揭示了人与人之间的关系”[2]。

再次，为什么“主要用英国作为例证”？与同时期欧洲大陆的疾风骤雨式革命不同，英国正在进行一场更为深远的变革。1765年，纺织工人詹姆斯·哈格里夫斯发明了珍妮纺纱机，标志着工业革命率先在英国爆发；1785年，改良型蒸汽机的投入使用，以及新的工具机“把工场手工业变成了现代的大工业，从而使资产阶级社会的整个基础发生了革命。工场手工业时代的迟缓的发展进程转变成了生产中的真正的狂飙时期”[3]。在1848年的《共产党宣言》中，马克思、恩格斯坦承，“资产阶级在它的不到一百年的阶级统治中所创造的生产力，比过去一切世代创造的全部生产力还要多，还要大”[4]，但它也使“整个社会日益分裂为两大敌对的阵营，分裂为两大相互直接对立的阶级：资产阶级和无产阶级”[5]，即“社会越来越迅速地分化为大资本家和一无所有的无产者，现在处于他们二者之间的，已经不是以前的稳定的中间等级，而是不稳定的手工业者和小商人群众，他们过着动荡不定的生活，是人口中最流动的部分。新的生产方式还处在上升时期的最初阶段；它还是正常的、适当的、在当时条件下唯一可能的生产方式”[6]。这种新的生产方式在欧洲大陆的兴起在时间上要晚于英国，比如，资本主义生产在德国

1 《列宁专题文集·论马克思主义》，人民出版社2009年版，第69页。
2 同上。
3 《马克思恩格斯文集》第3卷，人民出版社2009年版，第533页。
4 《马克思恩格斯文集》第2卷，人民出版社2009年版，第36页。
5 同上书，第32页。
6 《马克思恩格斯文集》第3卷，人民出版社2009年版，第533页。

的迅速发展始于1848年，因此，马克思说，当德国的“专家”“能够不偏不倚地研究政治经济学时，在德国的现实中没有现代的经济关系。而当这些关系出现时，他们所处的境况已经不再容许他们在资产阶级的视野之内进行不偏不倚的研究了”[1]。总之，资本主义生产方式的典型地点是英国，英国古典政治经济学已经对这些关系作出了包含科学成分的研究，它们分别成为马克思从事批判工作的现实材料和理论基础。

　　最后，以英国为例证得出的“现代社会

1 《马克思恩格斯文集》第5卷，人民出版社2009年版，第16页。

18世纪的珍妮纺纱机　文化传播 / 供图 ↑

的经济运动规律”有什么现实意义？在马克思看来，这些规律往往会“以铁的必然性发生作用”，“工业较发达的国家向工业较不发达的国家所显示的，只是后者未来的景象”[1]。换句话说，从对资本主义生产方式典型地点的英国进行研究得出的“现代社会的经济运动规律”具有一定的共性，同样适用于西欧其他国家。正因为如此，马克思才大声疾呼，“如果德国读者看到英国工农业工人所处的境况而伪善地耸耸肩膀，或者以德国的情况远不是那样坏而乐观地自我安慰，那我就要大声地对他说：这正是说的阁下的事情！”[2]然而，在以铁的必然性发生作用的经济运动规律面前，是否留有人的主观能动性的空间呢？答案是肯定的。马克思认为，“一个社会即使探索到了本身运动的自然规律……它还是既不能跳过也不能用法令取消自然的发展阶段。但是它能缩短和减轻分娩的痛苦”[3]。我们可以自觉认识和更好遵循经济规律，分析和处理发展中的理论和现实问题，按规律办事就会事半功倍，逆规律而为则事倍功半。

需要指出的是，马克思、恩格斯十分清楚，不能把他们根据英国乃至西欧经验得出的经济规律无条件地应用于其他国家。在 1877 年给俄国杂志《祖国纪事》编辑部的信中，马克思明确反对把他“关于西欧资本主义起源的历史概述彻底变成一般发展道路的历史哲学理论，一切民族，不管它们所处的历史环境如何，都注定要走这条道路，——以便最后都达到在保证社会劳动生产力极高度发展的同时又保证每个生产者个人最全面的发展的这样一种经济形态”[4]。

1 《马克思恩格斯文集》第 5 卷，人民出版社 2009 年版，第 8 页。
2 同上。
3 同上书，第 9—10 页。
4 《马克思恩格斯文集》第 3 卷，人民出版社 2009 年版，第 466 页。

他以古代罗马平民被剥夺土地之后成为无所事事的游民而不是雇佣工人为例，指出“极为相似的事变发生在不同的历史环境中就引起了完全不同的结果。如果把这些演变中的每一个都分别加以研究，然后再把它们加以比较，我们就会很容易地找到理解这种现象的钥匙；但是，使用一般历史哲学理论这一把万能钥匙，那是永远达不到这种目的的，这种历史哲学理论的最大长处就在于它是超历史的”[1]。1881 年 2 月，俄国民粹派成员维拉·伊万诺夫娜·查苏利奇写信请求马克思谈谈对俄国发展前景、农村公社命运以及关于世界各国由于历史必然性都会经历资本主义生产各阶段的理论的看法。马克思非常重视查苏利奇的来信[2]，在最终的复信中他坦言，资本主义制度导致对农民的剥夺、将生产者和生产资料彻底分离的运动的历史必然性“明确地限制在西欧各国的范围内”[3]；历史环境的差别使俄国农村公社“有可能不通过资本主义制度的卡夫丁峡谷，而占有资本主义制度所创造的一切积极的成果”[4]。恩格斯于 1885 年 4 月给查苏利奇的复信也指出：“在我看来，马克思的历史理论是任何坚定不移和始终一贯的革命策略的基本条件；为了找到这种策略，需要的只是把这一理论应用于本国的经济条件和政治条件。”[5] 因此，“马克思的经济理论及其主要著作《资本论》，是建筑在对所有经济

1 《马克思恩格斯文集》第 3 卷，人民出版社 2009 年版，第 466—467 页。

2 马克思在给查苏利奇回信的过程中前后共拟了四个草稿，从初稿的详细论证到正式复信的寥寥数语，足见马克思在这一问题上是经过深思熟虑的。

3 《马克思恩格斯文集》第 3 卷，人民出版社 2009 年版，第 589 页。

4 同上书，第 578 页。

5 《马克思恩格斯文集》第 10 卷，人民出版社 2009 年版，第 532 页。

规律的相对性、社会决定性和历史局限性的理解之上的”[1]。客观地来说，“马克思关于资本主义发展的理论是以世界上第一个工业国度的经验为基础，所以马克思无法预见和比较 19 世纪后期及之后不同国度的资本主义经济崛起状况并从中提升出更深刻的理论。即使生产力都一样，当政治和文化背景不同的时候，生产关系也会不同”[2]。但是，马克思、恩格斯晚年对这一问题的表述，特别是对俄国公社和发展前景的审慎态度，为探寻不同的发展道路和不同的经济制度提供了可能性和必要性。

三、《资本论》的主要方法

《资本论》第一卷出版之前，马克思在 1865 年 7 月 31 日致恩格斯的一封信中强调，“我不能下决心在一个完整的东西还没有摆在我面前时，就送出任何一部分。不论我的著作有什么缺点，它们却有一个长处，即它们是一个艺术的整体；但是要达到这一点，只有用我的方法，在它们没有完整地摆在我面前时，不拿去付印”[3]，而“在《资本论》中，唯物主义的逻辑、辩证法和认识论（不必要三个词：它们是同一个东西）都应用于一门科学”[4]，通过掌握马

1 ［比］欧内斯特·孟德尔：《〈资本论〉新英译本导言》，仇启华、杜章智译，中共中央党校出版社 1991 年版，第 3 页。

2 ［美］威廉·拉佐尼克：《车间的竞争优势》，徐华、黄虹译，中国人民大学出版社 2007 年版，第 75 页。

3 《马克思恩格斯文集》第 10 卷，人民出版社 2009 年版，第 231 页。

4 《列宁专题文集·论辩证唯物主义和历史唯物主义》，人民出版社 2009 年版，第 145 页。

克思的这些方法，可以从整体上更好地理解《资本论》的结构和观点。

（一）唯物主义历史观

恩格斯至少在三个地方把唯物主义历史观称为马克思的“两大发现之一”。一是在1878年发表于《人民历书》丛刊上的《卡尔·马克思》一文中，恩格斯称赞马克思“在整个世界史观上实现了变革”，“彻底弄清了资本和劳动的关系，换句话说……资本家对工人的剥削是怎样进行的”，“现代科学社会主义就是以这两个重要事实为依据的”。[1] 二是在《社会主义从空想到科学的发展》中，恩格斯强调，“这两个伟大的发现——唯物主义历史观和通过剩余价值揭开资本主义生产的秘密，都应当归功于马克思。由于这两个发现，社会主义变成了科学”[2]。三是马克思去世之后，恩格斯在对其一生进行回顾的著名讲话中指出：“正像达尔文发现有机界的发展规律一样，马克思发现了人类历史的发展规律……不仅如此。马克思还发现了现代资本主义生产方式和它所产生的资产阶级社会的特殊的运动规律。”[3]

唯物主义历史观在马克思的整个理论体系中占据核心位置，是指导马克思研究工作的总的结果，它科学地说明，“由于生产力的发展，如何从一种社会生活结构中发展出另一种更高级的结构，例

1 《马克思恩格斯文集》第3卷，人民出版社2009年版，第457、460、461页。
2 同上书，第545—546页。
3 同上书，第601页。

如从农奴制中生长出资本主义”[1]。在《德意志意识形态》的开头部分，这一理论得到了详尽阐发，而对它的最佳概括则出现在1859年《政治经济学批判》的序言中，马克思把它简要地表述如下:“人们在自己生活的社会生产中发生一定的、必然的、不以他们的意志为转移的关系，即同他们的物质生产力的一定发展阶段相适合的生产关系。这些生产关系的总和构成社会的经济结构，即有法律的和政治的上层建筑竖立其上并有一定的社会意识形式与之相适应的现实基础。物质生活的生产方式制约着整个社会生活、政治生活和精神生活的过程。不是人们的意识决定人们的存在，相反，是人们的社会存在决定人们的意识。社会的物质生产力发展到一定阶段，便同它们一直在其中运动的现存生产关系或财产关系（这只是生产关系的法律用语）发生矛盾。于是这些关系便由生产力的发展形式变成生产力的桎梏。那时社会革命的时代就到来了。随着经济基础的变更，全部庞大的上层建筑也或慢或快地发生变革。”[2]

唯物主义历史观确立了科学研究的起点。《莱茵报》的论战经历和对黑格尔的批判使马克思意识到，法的关系根源于物质的生活关系，因此不能从它们本身或人类精神的一般发展来理解，而应该到政治经济学中去寻求。一个很明显的但以前完全被人忽略的事实是“人们首先必须吃、喝、住、穿，然后才能从事政治、科学、艺术、宗教等等；所以，直接的物质的生活资料的生产，从而一个民族或一个时代的一定的经济发展阶段，便构成基础，人们的国家设施、法的观点、艺术以至宗教观念，就是从这个基础上发展起来

1 《列宁专题文集·论马克思主义》，人民出版社2009年版，第68页。
2 《马克思恩格斯文集》第2卷，人民出版社2009年版，第591—592页。

的，因而，也必须由这个基础来解释”[1]。马克思在《资本论》第一卷中用了三章篇幅详细描述了生产从简单协作向工场手工业和机器大工业的发展，其原因正在于“工艺学揭示出人对自然的能动关系，人的生活的直接生产过程，从而人的社会生活关系和由此产生的精神观念的直接生产过程”[2]。

唯物主义历史观阐明了社会演化的机制。生产力与生产关系，经济结构与上层建筑（包括社会意识形式）之间存在持久张力：生产力的发展使现存的生产关系逐渐由生产力的促进因素转变为阻碍因素，从而产生变革的要求和动力；当生产关系顺应生产力的发展进行调整时，竖立其上的上层建筑也随之改变。马克思在《哲学的贫困》这部著作中形象地论述道：“随着新生产力的获得，人们改变自己的生产方式，随着生产方式即谋生的方式的改变，人们也就会改变自己的一切社会关系。手推磨产生的是封建主的社会，蒸汽磨产生的是工业资本家的社会。”[3]《资本论》则通过对资本主义生产方式的细致分析，“使人们有可能看到商品社会经济组织怎样发展，怎样变成资本主义社会经济组织而造成资产阶级和无产阶级这两个对抗的（这已经是在生产关系范围内）阶级，怎样提高社会劳动生产率，从而带进一个与这一资本主义组织本身的基础处于不可调和的矛盾地位的因素。《资本论》的骨骼就是如此……虽然他完全用生产关系来说明该社会形态的构成和发展，但又随时随地探究与这种生产关系相适应的上层建筑，使骨骼有血有肉”。“自从《资本

1 《马克思恩格斯文集》第 3 卷，人民出版社 2009 年版，第 601 页。
2 《马克思恩格斯文集》第 5 卷，人民出版社 2009 年版，第 429 页。
3 《马克思恩格斯文集》第 1 卷，人民出版社 2009 年版，第 602 页。

论》问世以来，唯物主义历史观已经不是假设，而是科学地证明了的原理。”[1]

唯物主义历史观消除了以往历史理论的缺陷。列宁指出，一方面，以往的历史理论没有研究人们思想动机的原因，没有探索社会关系体系发展的规律，更不用说把它们归因于物质生产的发展程度了；另一方面，“以往的理论从来忽视居民群众的活动，只有历史唯物主义才第一次使我们能以自然科学的精确性去研究群众生活的社会条件以及这些条件的变更”[2]。当马克思把经济社会形态的产生、发展和衰落视为“一种自然史的过程”[3]，归因于生产力与生产关系、经济结构与上层建筑的矛盾运动，就“推翻了那种把社会看做可按长官意志（或者说按社会意志和政府意志，反正都一样）随便改变的、偶然产生和变化的、机械的个人结合体的观点”[4]。一句话，人民是历史的创造者，是真正的英雄。

（二）唯物辩证法

在《资本论》第一卷第二版跋中，马克思公开承认他是伟大思想家黑格尔的学生，后者“第一个全面地有意识地叙述了辩证法的一般运动形式”[5]。在马克思称为黑格尔全部哲学秘密所在的《精神

1 《列宁专题文集·论辩证唯物主义和历史唯物主义》，人民出版社 2009 年版，第 162、163 页。

2 《列宁专题文集·论马克思主义》，人民出版社 2009 年版，第 14 页。

3 《马克思恩格斯文集》第 5 卷，人民出版社 2009 年版，第 10 页。

4 《列宁专题文集·论辩证唯物主义和历史唯物主义》，人民出版社 2009 年版，第 162—163 页。

5 《马克思恩格斯文集》第 5 卷，人民出版社 2009 年版，第 22 页。

现象学》序言中，黑格尔写道："花朵开放的时候花蕾消逝，人们会说花蕾是被花朵否定了的；同样地，当结果的时候花朵又被解释为植物的一种虚假的存在形式，而果实是作为植物的真实形式出现而代替花朵的。这些形式不但彼此不同，并且互相排斥互不相容。但是，它们的流动性却使它们同时成为有机统一体的环节，它们在有机统一体中不但不互相抵触，而且彼此都同样是必要的；而正是这种同样的必要性才构成整体的生命。"[1]从这段话可以看出，黑格尔认为，生命之所以成为整体，在于它的各个组成部分的相互否定和逐渐展开，在上面的例子中，尽管花蕾、花朵、果实在生命循环中不断为后者所取代，但是它们的存在并非毫无意义，前者的所有规定性都被后者批判地保存下来，并且由后者在新的更高的形态上发挥和表现出来。真正重要的不仅是花蕾、花朵和果实，而且还包括它们之间接续发展的过程，"因为事情并不穷尽于它的目的，而穷尽于它的实现，现实的整体也不仅是结果，而是结果连同其产生过程；目的本身是僵死的共相，正如倾向是一种还缺少现实性的空洞的冲动一样；而赤裸的结果则是丢开了倾向的那具死尸"[2]。在《历史哲学》中，黑格尔用这一套逻辑来考察各民族文化的发展，他区分了两个关键性运动，即单个民族和生活秩序的保存，以及民族精神进一步存在的中断，通过这种中断，世界历史和世界精神得到发展。每个民族，像任何生物一样，都会经历繁荣、强壮、衰落和死亡，但是，即使民族精神被它自身的对立面所摧毁，它的知识、它

1 [德]黑格尔:《精神现象学》(上卷)，贺麟、王玖兴译，商务印书馆1981年版，第2页。

2 同上。

对存在的理解力却构成新的精神从中产生的源泉和母体。

马克思、恩格斯认为，黑格尔的辩证法是“最全面、最富有内容、最深刻的发展学说”[1]，只不过在黑格尔那里，“辩证法是倒立着的。必须把它倒过来，以便发现神秘外壳中的合理内核”[2]；也就是用唯物主义历史观破除黑格尔式的唯心主义幻觉。马克思批评“黑格尔陷入幻觉，把实在理解为自我综合、自我深化和自我运动的思维的结果”[3]，他的整个哲学体系从绝对观念出发，通过自我对象化——转化为自然界，然后在思维中和在历史中，再返回自身，完成从不知到知、从简单到复杂、从幼稚到完满的发展。殊不知，感性世界、具体总体“决不是处于直观和表象之外或驾于其上而思维着的、自我产生着的概念的产物，而是把直观和表象加工成概念这一过程的产物”[4]。换言之，实在主体在头脑之外具有独立性，而不单纯是绝对观念思辨运动的结果，因此“黑格尔把世界头足倒置”[5]，马克思的工作就是在接受并发展黑格尔哲学革命性方面的基础上，把头足再颠倒过来。也就是说，与黑格尔的唯心主义不同，马克思的辩证法是唯物主义的辩证法，尽管“黑格尔的辩证法是一切辩证法的基本形式，但是，只有在剥去它的神秘的形式之后才是这样”[6]，即“使辩证方法摆脱它的唯心主义的外壳并把辩证方法在使它成为唯一正确的思想发展形式的简单形态上建立起来”[7]。

1 《列宁专题文集·论马克思主义》，人民出版社 2009 年版，第 10 页。
2 《马克思恩格斯文集》第 5 卷，人民出版社 2009 年版，第 22 页。
3 《马克思恩格斯全集》第 30 卷，人民出版社 1995 年版，第 42 页。
4 同上书，第 42—43 页。
5 《马克思恩格斯文集》第 1 卷，人民出版社 2009 年版，第 357 页。
6 《马克思恩格斯文集》第 10 卷，人民出版社 2009 年版，第 280 页。
7 《马克思恩格斯文集》第 2 卷，人民出版社 2009 年版，第 603 页。

如上所述，马克思的“辩证方法，从根本上来说，不仅和黑格尔的辩证方法不同，而且和它截然相反”[1]。可惜的是，马克思没有留下专门论述辩证法的著作，但是他在《资本论》第二版的跋中总结道：“辩证法在对现存事物的肯定的理解中同时包含对现存事物的否定的理解，即对现存事物的必然灭亡的理解；辩证法对每一种既成的形式都是从不断的运动中，因而也是从它的暂时性方面去理解；辩证法不崇拜任何东西，按其本质来说，它是批判的和革命的。”[2]恩格斯也强调，在辩证哲学面前，“不存在任何最终的东西、绝对的东西、神圣的东西；它指出所有一切事物的暂时性；在它面前，除了生成和灭亡的不断过程、无止境地由低级上升到高级的不断过程，什么都不存在……诚然，它也有保守的方面：它承认认识和社会的一定阶段对它那个时代和那种环境来说都有存在的理由，但也不过如此而已。这种观察方法的保守性是相对的，它的革命性质是绝对的”[3]。

马克思坦言，《资本论》是“把辩证方法应用于政治经济学的第一次尝试”[4]，这个方法的制定，“其意义不亚于唯物主义基本观点的成果”[5]。采用这种方法，要求我们“从历史上和实际上摆在我们面前的、最初的和最简单的关系出发”，“分析这种关系。既然这是一种关系，这就表示其中包含着两个相互关联的方面。我们分别考察每一个方面；由此得出它们相互关联的性质，它们的相互作

1 《马克思恩格斯文集》第5卷，人民出版社2009年版，第22页。

2 同上。

3 《马克思恩格斯文集》第4卷，人民出版社2009年版，第270页。

4 《马克思恩格斯全集》第31卷，人民出版社1972年版，第385页。

5 《马克思恩格斯文集》第2卷，人民出版社2009年版，第603页。

用。于是出现了需要解决的矛盾……这些矛盾也是在实践中发展着的，并且可能已经得到了解决。我们考察这种解决的方式，发现这是由建立新关系来解决的，而这个新关系的两个对立面我们现在又需要展开说明，等等。”[1]由此可以进一步推论，“一切依次更替的历史状态都只是人类社会由低级到高级的无穷发展进程中的暂时阶段。每一个阶段都是必然的，因此，对它发生的那个时代和那些条件说来，都有它存在的理由；但是对它自己内部逐渐发展起来的新的、更高的条件来说，它就变成过时的和没有存在的理由了；它不得不让位于更高的阶段，而这个更高的阶段也要走向衰落和灭亡”[2]。特别地，对资本主义而言，由于其内生性地存在不可调和的矛盾和资本积累的一般规律，它会生产出它自身的掘墓人，“资产阶级的灭亡和

马克思和恩格斯共同创立的马克思主义，是指引全世界劳动人民为实现社会主义和共产主义伟大理想而进行斗争的理论武器和行动指南。图为马克思
海峰 / 供图↑

1 《马克思恩格斯文集》第 2 卷，人民出版社 2009 年版，第 603、604 页。

2 《马克思恩格斯文集》第 4 卷，人民出版社 2009 年版，第 270 页。

无产阶级的胜利是同样不可避免的”[1]。当然，“无论哪一个社会形态，在它所能容纳的全部生产力发挥出来以前，是决不会灭亡的；而新的更高的生产关系，在它的物质存在条件在旧社会的胎胞里成熟以前，是决不会出现的”[2]。

著名经济学家约瑟夫·熊彼特对马克思的上述理论羡慕不已。他认为，“马克思的分析是这个时期产生的唯一真正进化的经济理论……这种过程以某种方式通过积累发生作用，以某种方式摧毁了竞争性资本主义的经济和社会，并以某种方式造成了无法维持的社会局面，后者将以某种方式让位于另一种类型的社会组织。正是这个事实，而且仅仅是这个事实，使我们有权把马克思称为伟大的经济分析家”[3]。

（三）抽象法及“两条道路”

世界呈现在我们面前的，是具体的、活生生的形态，是包含本质的许多表象的总体，“如果事物的表现形式和事物的本质会直接合而为一，一切科学就都成为多余的了”[4]，因此，对经济形式的分析需要“不断地企图透过现象的不同层次，越来越深入到能解释

1 这就是马克思和恩格斯在《共产党宣言》中得出的“两个必然”的著名论断，通常也表述为“资本主义必然灭亡、社会主义必然胜利”。《马克思恩格斯文集》第 2 卷，人民出版社 2009 年版，第 43 页。

2 这就是马克思在《〈政治经济学批判〉序言》中得出的“两个决不会”的著名论断。《马克思恩格斯文集》第 2 卷，人民出版社 2009 年版，第 592 页。

3 ［美］约瑟夫·熊彼特:《经济分析史》第 2 卷，杨敬年译，商务印书馆 1992 年版，第 96—97 页。

4 《马克思恩格斯文集》第 7 卷，人民出版社 2009 年版，第 925 页。

为什么这些现象按一定方式发展的运动规律”[1]。而要实现这一目的，“既不能用显微镜，也不能用化学试剂。二者都必须用抽象力来代替”[2]，分清并完成“两条道路”。

1. 从具体到抽象的研究方法

在第一条道路上，“完整的表象蒸发为抽象的规定”[3]。科学研究始于对材料的充分占有，分析它的各种发展形式，并把本质的东西划分出来，最终达到一些最简单的规定，即概念、范畴等。据考证，马克思在1845年7月阅读了威廉·配第的《政治算术》，该书共10章，包含五部分内容。配第从“英国怎样才能握有欧洲霸权”这一实际问题出发，比较了英国、法国和荷兰的人口、领土、位置、产业、军事等要素，形成国力比较论；并且认为，如果政策合理，英国可以在国力上不输给法国，称为国力增强论；要保证政策合理，必须确保财源，即财政论；为了确保财源，又必须振兴工场手工业和商业，即产业振兴论；但是商品生产需要雇佣更多工人，积累更多货币。这样，配第就从人口、领土等具体的整体，过渡到了雇佣劳动、货币等抽象范畴。

需要指出的是，抽象作为这条道路上的原则，本身并不提供任何知识，问题的关键在于抽象什么以及如何抽象。抽象什么涉及研究者对他们任务的认识。斯密聚焦国民财富的性质和原因，李嘉图关注赋税原理和分配规律，马克思探究的则是“现代社会的经济运动规律”，尽管上述议题存在重叠和交叉之处，但是“没有两个研

1 ［比］欧内斯特·孟德尔:《〈资本论〉新英译本导言》，仇启华、杜章智译，中共中央党校出版社1991年版，第9页。

2 《马克思恩格斯文集》第5卷，人民出版社2009年版，第8页。

3 《马克思恩格斯全集》第30卷，人民出版社1995年版，第42页。

究者会以完全一样的方式来处理他们的材料——包括他们运用抽象法武器的方法”[1]，从而有可能出现一个人把另一个人试图重点阐释的东西舍掉的情况。这里的原则是，“既然抽象不外是对于部分真理的省略，因此如果由抽象得出的结论没有为省略的真理所推翻，那么这种抽象就是有根据的”[2]。

如何抽象涉及研究者对现实表象的理解能力。熊彼特指出，“分析工作必然要有一种分析前的认识行为作前导，借以提供分析工作所需的素材”[3]，这种分析前的认识行为称为“想象”，“它把我们所看到的事物的形象体现出来，不管什么地方，只要有任何可能的动机希望从某种角度而不从另一个角度去看待事物，那么我们实际怎样看事物和我们希望怎样看事物之间的界限就很难划清”[4]，在这一环节上，历史观、世界观就显得十分重要。为什么资产阶级经济学家只看到了商品与货币的运动，而马克思却能够透过物的帷幕触及资本主义的剥削关系和内在矛盾？我们有理由相信，在马克思完成对黑格尔的批判、建立唯物主义历史观之后，他的关于资本主义的“想象”就已经固定在脑海之中了，因而也就不难理解，经过马克思的抽象、继承与批判而得出的《资本论》中的基本概念和经济范畴（价值、剩余价值等）为何不同于他所抨击的庸俗经济学家。

1 ［美］保罗·斯威齐：《资本主义发展论——马克思主义政治经济学原理》，陈观烈、秦亚男译，商务印书馆 1997 年版，第 28 页。

2 ［英］怀特海：《思维方式》，刘放桐译，商务印书馆 2004 年版，第 122 页。

3 ［美］约瑟夫·熊彼特：《经济分析史》第 1 卷，朱泱等译，商务印书馆 1992 年版，第 74 页。

4 同上书，第 76 页。

2. 从抽象到具体的叙述方法

在第二条道路上，“抽象的规定在思维行程中导致具体的再现”[1]。在实际进行写作的时候，需要从前一条道路得出的概念和范畴出发，构建理论体系。为了从整体上解释资本主义生产方式，只停留在本质、概念和范畴是远远不够的，“必须把‘本质’和‘现象’通过它们的一切中间的中介环节结合起来，必须说明怎么样和为什么一定的‘本质’表现为一定的具体形式，而不表现为别的形式。因为这些‘现象’本身既不是偶然的，也不是不言而喻的”[2]。

在《资本论》中，马克思从对资本主义经济生活的基本细胞——商品开始分析，揭示了商品生产过程中资本剥削劳动的秘密，接着引入流通过程，考察价值和剩余价值生产与实现的矛盾，最后再加上分配过程，从而把资本主义生产的总过程呈现在我们面前。一旦掌握马克思叙述方法的特点，我们就不难理解，《资本论》中阐明的趋势或规律的正确性，“同它们是在什么抽象水平上被推导出来的有关，而且同分析进到更具体水平时所必须经受的修正程度有关”[3]，因此不能把某些趋势或规律简单地视为对未来的直接预言，并依此来反对马克思的理论，这种做法恰恰是对马克思理论的误读。

马克思提醒我们，范畴有简单和具体之分。一方面，“比较简单的范畴可以表现一个比较不发展的整体的处于支配地位的关系或

1 《马克思恩格斯全集》第 30 卷，人民出版社 1995 年版，第 42 页。

2 ［比］欧内斯特·孟德尔:《〈资本论〉新英译本导言》，仇启华、杜章智译，中共中央党校出版社 1991 年版，第 10 页。

3 ［美］保罗·斯威齐:《资本主义发展论——马克思主义政治经济学原理》，陈观烈、秦亚男译，商务印书馆 1997 年版，第 35 页。

者一个比较发展的整体的从属关系”[1]，比如，货币关系在商业民族（片面发展的民族、比较不发展的整体）中处于支配地位，而在资本主义社会（比较发展的整体），则从属于资本。另一方面，“最一般的抽象总只是产生在最丰富的具体发展的场合，在那里，一种东西为许多东西所共有，为一切所共有”[2]。以“劳动一般”为例，马克思认为，在经济学上从一般性上把握“劳动”，是现代的范畴：货币主义把财富看作完全客观的、外在于自身、存在于货币中的物；重商主义大大前进了一步，把财富的源泉从对象转到主体的活动，即能够取得货币的商业劳动和工业劳动；重农主义则脱去了货币外衣，把一定形式的劳动（农业劳动）看作创造财富的劳动；只有在资产阶级社会，劳动一般才成为实际上真实的东西，因为在这种社会形式中，任何一种劳动都不再是支配一切的劳动，个人也很容易从一种劳动转到另一种劳动，不同种类劳动之间变得没有差别。

马克思还强调，“在一切社会形式中都有一种一定的生产决定其他一切生产的地位和影响，因而它的关系也决定其他一切关系的地位和影响。这是一种普照的光，它掩盖了一切其他色彩，改变着它们的特点。这是一种特殊的以太，它决定着它里面显露出来的一切存在的比重”[3]。比如，在封建社会，作为手工工具的资本具有土地所有制的性质；在资产阶级社会，农业和地租都完全受资本支配，后者“是资产阶级社会的支配一切的经济权力。它必须成为起

1 《马克思恩格斯全集》第 30 卷，人民出版社 1995 年版，第 43 页。
2 同上书，第 45 页。
3 同上书，第 48 页。

点又成为终点，必须放在土地所有制之前来说明”[1]。因此，从事经济研究，必须抓住“普照的光”和“特殊的以太”，即主要矛盾和矛盾的主要方面。

当然，抽象的规定经由思维再现的具体与研究伊始我们面对的表象迥然不同。此时的具体是思维着的头脑的产物，是有结构、有层次、有关联、不断运动的整体，而不再是关于整体的一个直观混沌的表象。“材料的生命一旦在观念上反映出来，呈现在我们面前的就好像是一个先验的结构了”[2]，重要的是，作为起点和终点的实在主体仍然在头脑之外保持着独立性，“这个过程既不是独立于现实而只是思想上存在的纯理念，也不是武断的。相反地，所形成的概念和它们的逻辑次序与物质世界是相符的”[3]。

总之，上述第一条道路是马克思的研究方法，第二条道路是马克思的叙述方法。大卫·哈维把这两个相统一的过程形象地比作剥洋葱。马克思“从洋葱表皮开始，透过外部显示的层层包裹，一直到达它的核心，即概念的内核。随后，他再次将论点向外展开，通过不同的理论层次而逐渐返回表面。当回到实践王国时，论点的真实力量才变得更为明确，我们会发现，自己被用于理解和解释那个实践的全新的知识框架所武装。直到那时，马克思才揭示出大量的关于什么使资本主义的发展按照它现在的方式进行的问题”[4]。也就是说，要想了解资本主义生产方式及其运动演变，至少需要阅读

1 《马克思恩格斯全集》第 30 卷，人民出版社 1995 年版，第 49 页。

2 《马克思恩格斯文集》第 5 卷，人民出版社 2009 年版，第 22 页。

3 ［英］本·法因、劳伦斯·哈里斯:《重读〈资本论〉》，魏埙等译，山东人民出版社 1993 年版，第 6 页。

4 ［美］大卫·哈维:《跟大卫·哈维读〈资本论〉》（第一卷），刘英译，上海译文出版社 2014 年版，第 9 页。

《资本论》全部三卷的内容，即使如此，相对于马克思最初的庞大写作计划而言，也只占了他所有思想的1/8。

四、《资本论》的总体结构

《资本论》是马克思潜心研究的理论成果。从一开始，马克思试图提供对整个资本主义社会的全面考察，因此拟定了详细的研究方案，随着分析的深入展开，最初的写作方案被不断修订、调整。根据罗曼·罗斯多尔斯基的研究，在1857年9月至1868年4月之间，马克思列出的有关《资本论》的写作计划不下14种之多，在第一个计划中对全书结构的设想如下：

第一册《资本》

　　第一篇　资本一般

　　　　1. 资本的生产过程

　　　　2. 资本的流通过程

　　　　3. 利润和利息

　　第二篇　竞争

　　第三篇　信用制度

　　第四篇　股份资本

第二册《土地所有制》

第三册《雇佣劳动》

第四册《国家》

第五册《对外贸易》

第六册《世界市场与危机》[1]

到了1865—1866年，全书则改为按下列方式划分，大体上已经接近目前通行的三卷版《资本论》加《剩余价值理论》的结构，即：

第一卷《资本的生产过程》

第二卷《资本的流通过程》

第三卷《资本主义生产的总过程》

第四卷《理论史》

对比上述两个写作计划，可以明确我们今天称为《资本论》的著作在马克思理论图景中的地位。《资本论》的第一卷和第二卷仍然能够归到"资本一般"的标题下（第一个计划中第一册第一篇的1和2），从而表明，有若干问题"在第一和第二卷中没有地位，只有当人们从资本对劳动的总关系的角度去论述资本的最高抽象层次下降到考察不同资本对彼此的作用时，它们才能被讨论"[2]，如价值向生产价格的转化（涉及利润率的平均化过程）、信用及其危机等。《资本论》第三卷大体上包含了第一册第一篇的3和二、三、四篇的内容，同时涉及地租理论。马克思在这里要澄清的，已经不是收入的两个基本范畴（工资和利润）的来源问题，而是统治阶级的各

1 [德]罗曼·罗斯多尔斯基:《马克思〈资本论〉的形成》，魏埙等译，山东人民出版社1992年版，第15页。

2 [比]欧内斯特·孟德尔:《〈资本论〉新英译本导言》，仇启华、杜章智译，中共中央党校出版社1991年版，第18—19页。

个部分是如何联合起来对无产阶级进行剥削的，以及他们之间的关系是如何得以调节的。所以在第三卷中，资本主义经济当事人包括产业资本家、商业资本家、货币资本家、土地所有者和生产性雇佣工人，与之相对应，和收入相联系的范畴也出现了五个，即产业利润、商业利润、利息、地租和工资。当然，三卷版《资本论》远没有涵盖“六册计划”的全部内容，但从散见于三卷的诸多论述可以看出，马克思一直没有放弃对国家、对外贸易和世界市场的研究。

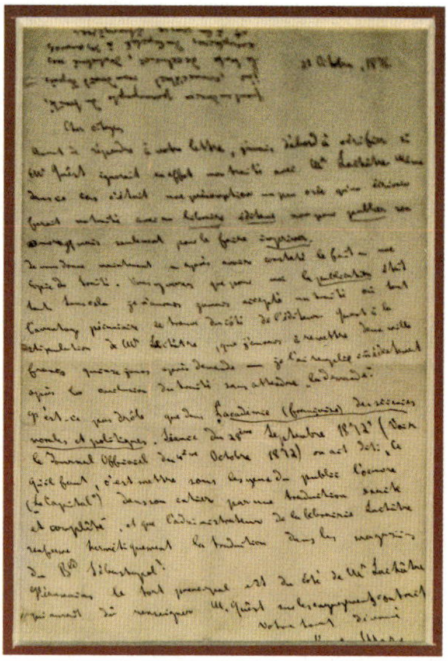

马克思致法文版《资本论》出版人的信件　海峰 / 供图↑

单就三卷版《资本论》的结构而言，根据马克思本人的表述，《资本论》第一卷“研究的是资本主义生产过程本身作为直接生产过程考察时呈现的各种现象，而撇开了这个过程以外的各种情况引起的一切次要影响。但是，这个直接的生产过程并没有结束资本的生活过程。在现实世界里，它还要由流通过程来补充”[1]，这就是《资本论》第二

1 《马克思恩格斯文集》第 7 卷，人民出版社 2009 年版，第 29 页。

卷研究的主要内容。《资本论》第三卷，“揭示和说明资本运动过程作为整体考察时所产生的各种具体形式。资本在其现实运动中就是以这些具体形式互相对立的，对这些具体形式来说，资本在直接生产过程中采取的形态和在流通过程中采取的形态，只是表现为特殊的要素。因此，我们在本册中将阐明的资本的各种形态，同资本在社会表面上，在各种资本的互相作用中，在竞争中，以及在生产当事人自己的通常意识中所表现出来的形式，是一步一步地接近了”[1]。有一条主线贯穿着《资本论》三卷，这就是被恩格斯誉为马克思一生两大发现之一的剩余价值理论。可以说，“马克思的整本书都是以剩余价值为中心的”[2]，研究资本生产过程的第一卷分析了剩余价值的生产问题；研究资本流通过程的第二卷阐述了剩余价值的实现问题；研究资本主义生产总过程的第三卷考察了剩余价值在不同资本家阶级和土地所有者之间的分配问题，如表 1–1 所示：

表 1-1 《资本论》三卷的结构

资本形式 / 卷次	第一卷	第二卷	第三卷
资本运动	生产过程	流通过程	总过程
剩余价值	生产问题	实现问题	分配问题

1 《马克思恩格斯文集》第 7 卷，人民出版社 2009 年版，第 29—30 页。
2 《马克思恩格斯文集》第 9 卷，人民出版社 2009 年版，第 221 页。

第二章

《资本论》第一卷导读

商品这个东西，千百万人，天天看它，用它，但是熟视无睹。只有马克思科学地研究了它，他从商品的实际发展中作了巨大的研究工作，从普遍的存在中找出完全科学的理论来。

《资本论》第一卷考察资本主义的生产过程，探究资本剥削劳动的秘密和剩余价值的源泉，分析资本主义经济的运动规律及其内在矛盾，最终揭示其必然灭亡的历史趋势。它是三卷中唯一在马克思生前出版并经过本人不断修订的卷次，结构清晰，内容丰富，措辞严谨，表述流畅。尽管第一卷只是整部《资本论》的开篇，但“在很大程度上是一个整体，并且 20 年来一直被当做一部独立的著作”[1]。实际上，该卷写成的时间大大晚于后来由恩格斯编辑出版的第二卷和第三卷的最初草稿，因此根据第一卷可以很好地洞悉马克思关于资本主义的基本观点。[2]

一、《资本论》第一卷的脉络

1867 年 9 月，德文版《资本论》第一卷在汉堡出版，共分为 6 章；出版之后，马克思对篇章结构和内容作了调整，于 1872—1873 年以分册的形式出版了第二版，共分为 7 篇 25 章；除此之外，马克思还亲自校订了由约瑟夫·鲁瓦翻译的法文版，改为 8 篇 33 章，并于 1872—1875 年编成 44 个分册分 9 辑发行。马克思逝

1 《马克思恩格斯文集》第 5 卷，人民出版社 2009 年版，第 33—34 页。

2 参见［比］欧内斯特·孟德尔:《〈资本论〉新英译本导言》，仇启华、杜章智译，中共中央党校出版社 1991 年版，第 20 页。

世后出版的德文第三、第四版均沿用了第二版 7 篇 25 章的结构，其中 1890 年出版的第四版是恩格斯在世时修改和审定的最后一个、也是最完善的一个德文版本，成为目前全世界通行的版本。《资本论》第一卷研究的是资本的生产过程，中心是剩余价值的生产，可以概括为三个部分，如下图所示。

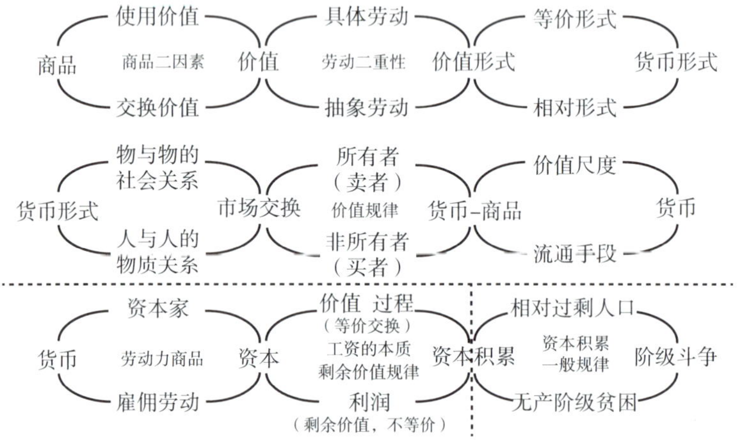

《资本论》第一卷脉络（改编自《跟大卫·哈维读〈资本论〉》（第一卷））↑

在第一篇中，马克思分析了商品和货币，阐明了科学的劳动价值论。马克思从作为资本主义经济细胞的商品出发，指出它包含资本主义生产关系各种矛盾的萌芽。具体来说，商品具有使用价值和价值两个因素，而商品的二因素又根源于生产商品的劳动的二重性——具体劳动和抽象劳动，其中具体劳动生产使用价值，抽象劳动凝结成价值。由于商品生产以社会分工及其私人所有为前提，商品生产者进行的劳动实际上是社会总劳动的组成部分，从而决定了商品生产过程的矛盾反映着资本主义社会私人劳动和社会劳动之间的矛盾。这一系列矛盾的暂时缓解，必须通过商品交换来实现。随着商品生产和交换的发展，货币出现了，这样就把商品使用价值和价值、具体劳动和抽象劳动、私人劳动和社会劳动的内在矛盾，转化为商品和货币这一外在矛盾。因此，货币是商品交换的最终产物，又是资本发展的最初表现。马克思还详细论述了货币的各种职能，批判了商品拜物教和货币拜物教。

马克思　文化传播 / 供图↑

第二篇至第六篇，马克思系统地考察了剩余价值的直接生产过程，揭示了资本主义经济制度的本质。马克思论述剩余价值生产的起点是货币转化为资本，其决定性条件是劳动力成为商品。劳动者在劳动过程中创造的价值大于劳动力商品自身的价值，是剩余价值生产的关键。与劳动二重性相对应，资本主义生产过程也呈现出二重性，即一方面是生产使用价值的劳动过程，另一方面是产生剩余价值的价值形成和增殖过程。为了揭示剩余价值的源泉，马克思首次区分了不变资本 c 和可变资本 v，指出它们在价值形成和增殖过程中起着完全不同的作用，只有可变资本不仅生产出劳动力价值，而且生产出剩余价值 m。在这种情况下，商品的价值由不变资本、可变资本和剩余价值三部分组成，即 c+v+m。马克思还分析了生产剩余价值的两种方法，即绝对剩余价值生产和相对剩余价值生产，并在分析相对剩余价值生产时，考察了资本主义提高社会劳动生产力的三种基本历史形式——简单协作、工场手工业和机器大工业。马克思还阐明了工资的本质，强调它是劳动力价值的转化形式。在这一部分，马克思向我们展现了资本的本质和剩余价值生产的秘密，并且指出，剩余价值规律即尽可能多地生产并占有剩余价值，是资本主义生产方式的绝对规律。

在第七篇中，马克思论述了资本的积累过程，揭示了资本积累的本质、一般规律和历史趋势。资本主义再生产的特点是扩大再生产，是剩余价值的不断资本化，而扩大资本的途径，一是资本积聚，二是资本集中。随着资本积累的发展，资本的有机构成不断提高，必然造成相对过剩人口，加剧两极分化，导致无产阶级贫困。根据第一卷对资本主义积累过程与基本矛盾的分析，马克思认为，资本主义必将经历一种否定之否定的过程，最终导致“资本主义私有制的丧钟就要响了。剥夺者就要被剥夺了”[1]。

二、商品和货币

《资本论》第一卷的开篇，马克思通过对商品二因素和与之相对应的劳动二重性的深入分析，“研究了劳动形成价值的特性，第

1 《马克思恩格斯文集》第 5 卷，人民出版社 2009 年版，第 874 页。

一次确定了什么样的劳动形成价值，为什么形成价值以及怎样形成价值，并确定了价值不外就是这种劳动的凝固”[1]，从而创立了科学的劳动价值理论，揭示了市场经济中不同商品相互交换的质的基础及其量的决定。马克思“进而研究商品和货币的关系，并且论证了商品和商品交换怎样和为什么由于商品内在的价值属性必然要造成商品和货币的对立。他的建立在这个基础上的货币理论是第一个详尽无遗的货币理论，今天已为大家所默认了”[2]。

（一）解剖财富的元素形式

商品是资本主义生产方式占统治地位的社会财富的元素形式，而随着资本主义的发展，一切又都可以被商品化，受买卖原则支配，资产阶级“使人和人之间除了赤裸裸的利害关系，除了冷酷无情的‘现金交易’，就再也没有任何别的联系了……它把人的尊严变成了交换价值，用一种没有良心的贸易自由代替了无数特许的和自力挣得的自由”[3]。马克思的研究就是从对商品的剖析开始的，毛泽东曾经评论道，马克思“从资本主义最单纯的因素——商品开始，周密地研究了资本主义社会的经济结构。商品这个东西，千百万人，天天看它，用它，但是熟视无睹。只有马克思科学地研究了它，他从商品的实际发展中作了巨大的研究工作，从普遍的存在中找出完全科学的理论来”[4]。

1 《马克思恩格斯文集》第6卷，人民出版社2009年版，第21页。
2 同上书，第22页。
3 《马克思恩格斯文集》第2卷，人民出版社2009年版，第34页。
4 《毛泽东选集》第三卷，人民出版社1991年版，第817页。

1. 使用价值、交换价值与价值

商品是一种二重存在。一方面，商品具有各种不同的形态和属性，如麻布、上衣、面包、电脑等，是“靠自己的属性来满足人的某种需要的物”[1]。马克思指出，人们需要的性质和来源与这里所要研究的问题无关，发现物的多种使用方式和为它的量寻找合适的社会尺度也是历史的事情，他迅速从主观需要、物质形态及度量单位的不可思议的多样性中抽象出一个单一概念，即使用价值，“物的有用性使物成为使用价值”[2]，离开了商品体就不复存在。这种有用性反映的是消费者和消费对象之间的某种关系，如钻石作为使用价值“不论是用在装饰方面还是机械方面，在娼妓胸前还是在玻璃匠手中，它是钻石，不是商品”[3]。换言之，“成为使用价值，对商品来说，看来是必要的前提，而成为商品，对使用价值来说，看来却是无关紧要的规定”[4]。政治经济学是一门关于人与人关系的社会科学，因此“作为使用价值的使用价值，不属于政治经济学的研究范围”[5]，对它的性质的研究，是商品学的全部内容；只有当使用价值“直接是表现一定的经济关系即交换价值的物质基础”[6]时，才进入政治经

1 《马克思恩格斯文集》第 5 卷，人民出版社 2009 年版，第 47 页。

2 同上书，第 48 页。

3 《马克思恩格斯全集》第 31 卷，人民出版社 1998 年版，第 420 页。

4 同上。

5 同上。

6 同上。政治经济学并非不考虑使用价值，美国学者大卫・哈维认为，使用价值概念对《资本论》的所有内容来说都特别重要。参见［美］大卫・哈维:《跟大卫・哈维读〈资本论〉》(第一卷)，刘英译，上海译文出版社 2014 年版，第 20 页。政治经济学为了揭示商品的内在矛盾，进而阐明商品经济和资本主义经济的运动规律，在论证商品交换价值、价值、货币、资本、社会总资本等一系列重要范畴时，都涉及商品的使用价值维度。

济学的分析视域。

另一方面，商品具有交换价值，它“首先表现为一种使用价值同另一种使用价值相交换的量的关系或比例”[1]。当某种商品按照各种不同的比例与其他商品相交换的时候，如 x 单位的 A 交换 y 单位的 B 或者 z 单位的 C，我们可以推断：“第一，同一种商品的各种有效的交换价值表示一个等同的东西。第二，交换价值只能是可以与它相区别的某种内容的表现方式，‘表现形式’。”[2] 简单来说，就是在商品转手的过程中，尽管交换比例会因时因地而不同，乍一看是纯粹偶然和相对的，但是它要求必然存在某种东西，使所有商品可以通约，进而成为交换的基础。显而易见，这种共同东西不可能是商品的天然属性，它的使用价值，因为“作为使用价值，商品首先有质的差别；作为交换价值，商品只能有量的差别”[3]。如果撇开商品的使用价值，抽去形成使用价值的物体的组成部分和特定形式，以及与之相对应的劳动的具体形式，那么，它还剩下什么？马克思发现，“它们剩下的只是同一的幽灵般的对象性，只是无差别的人类劳动的单纯凝结，即不管以哪种形式进行的人类劳动力耗费的单纯凝结。这些物现在只是表示，在它们的生产上耗费了人类劳动力，积累了人类劳动。这些物，作为它们共有的这个社会实体的结晶，就是价值——商品价值”[4]。

1 《马克思恩格斯文集》第 5 卷，人民出版社 2009 年版，第 49 页。

2 同上。

3 同上书，第 50 页。在这一点上，马克思的描述与主流教科书中资产阶级经济学家的描述存在显著不同，因为在后者看来，不同商品之所以能够按照一定的比例相互交换，是因为消费这两种商品能够带来相同的满足感（效用），主观效用与商品的使用价值紧密相连。

4 同上书，第 51 页。

知识链接

价值

劳动是人类劳动力的耗费，是人的脑、肌肉、神经、手等的生产耗费。商品价值体现的就是人类劳动本身，是一般人类劳动的耗费。马克思强调，商品只有作为同一的社会单位即人类劳动的表现才具有价值对象性，因而它们的价值对象性纯粹是社会的，那么不言而喻，价值对象性只能在商品同商品的社会关系中表现出来。

商品的使用价值和价值是相对立统一的。一种物要成为商品，必须既是使用价值又是价值，但是商品生产者生产商品不是为了取得使用价值，只是为了取得价值，而为了取得价值，就必须“不仅要生产使用价值，而且要为别人生产使用价值，即生产社会的使用价值”[1]，把生产出来的使用价值让渡给买者。同样，对于消费者而言，他关心的是商品的使用价值，而要获得使用价值，就必须购买，支付价值（交换价值）。一句话，“一切商品对它们的占有者是非使用价值，对它们的非占有者是使用价值。因此，商品必须全面转手。这种转手就形成商品交换，而商品交换使商品彼此作为价值

1 《马克思恩格斯文集》第5卷，人民出版社2009年版，第54页。

发生关系并作为价值来实现”[1]。

交换价值作为价值的“表现方式”或“表现形式”，是如何体现一种社会关系的呢？保罗·斯威齐强调，对这个问题的回答，是马克思价值理论的关键。我们知道，社会分工是商品生产存在的条件，每个生产者只生产一种产品或某种产品的局部，比如，流水线上的制衣工人，往往只生产一只袖子或一个口袋，在这种情况下，生产出来的产品需要通过交换才能占有并消费他人生产的产品，因此“表现在交换价值形式上的，是这样一个事实，即有关的商品都是人类劳动的产物，而这些人所处的社会，则是一个以分工为基础、生产者各自独立进行劳动的社会”[2]，“只有独立的互不依赖的私人劳动的产品，才作为商品互相对立”[3]，而正是通过交换，使劳动产品之间、生产者之间建立起联系，并且证明，私人劳动在事实上是社会总劳动的一部分。

然而，劳动产品一旦成为商品，就变为“可感觉而又超感觉的物”，它“在人们面前把人们本身劳动的社会性质反映成劳动产品本身的物的性质，反映成这些物的天然的社会属性，从而把生产者同总劳动的社会关系反映成存在于生产者之外的物与物之间的社会关系”[4]，于是拜物教便形成了。恩格斯提醒我们，“理解商品的困难在于：商品像资本主义生产方式的一切范畴一样，是一种在物的外壳掩盖下的人的关系。生产者使他们的产品作为商品互相发生关

1 《马克思恩格斯文集》第 5 卷，人民出版社 2009 年版，第 104 页。

2 ［美］保罗·斯威齐：《资本主义发展论——马克思主义政治经济学原理》，陈观烈、秦亚男译，商务印书馆 1997 年版，第 44 页。

3 《马克思恩格斯文集》第 5 卷，人民出版社 2009 年版，第 55 页。

4 同上书，第 89 页。

系，从而使他们的不同种类的劳动作为一般人类劳动互相发生关系，没有物这种中介，他们就办不成这种事”[1]。也就是说，劳动产品一旦采取商品形式，人们的生产关系便隐藏在了物与物的关系之下，而在商品经济中，人们的社会生产关系却又不可避免地要采取一种物的形式，这种关系也只有通过物的中介才可以表现出来。

2. 价值量的决定与价值规律

价值是交换关系或交换价值中表现出来的共同东西，是无差别的人类劳动的单纯凝结，那么，它的量是怎样计算的呢？马克思认为，劳动的量可以用劳动的持续时间来衡量，后者以一定的时间单位为尺度，如小时、工作日等。这里，马克思再次利用了抽象的力量，指出决定商品价值量的，“只是社会必要劳动量，或生产使用价值的社会必要劳动时间”，“是在现有的社会正常的生产条件下，在社会平均的劳动熟练程度和劳动强度下制造某种使用价值所需要的劳动时间”。[2]价值量的上述决定方式表明，“商品的价值量与实现在商品中的劳动的量成正比地变动，与这一劳动的生产力成反比地变动”[3]，劳动生产力越高，生产一种商品所需要的社会必要劳动时间就越少，凝结在该商品中的劳动量就越小，其价值也越小。可见，一方面，不是一个人越懒、越不熟练，制造商品需要花费的时间越多，他的商品就越有“价值”，他的超出社会必要劳动时间的那部分劳动，是得不到社会承认的；另一方面，价值量对技术和生产力革命十分敏感，工人的平均熟练程度、科学的发展水平及其在

1 《马克思恩格斯全集》第 21 卷，人民出版社 2003 年版，第 375 页。
2 《马克思恩格斯文集》第 5 卷，人民出版社 2009 年版，第 52 页。
3 同上书，第 53—54 页。

工艺上应用的程度、生产过程的社会结合、生产资料的规模和效能，甚至自然条件都会对价值量的大小产生深远影响。

商品交换的内在规律要求“彼此出让的商品的交换价值相等”[1]。换言之，在 x 单位 A 交换 y 单位 B 的场合，x 和 y 的比例取决于生产 A 和 B 所需要的社会必要劳动时间。马克思清晰地表明，“一种商品的价值同其他任何一种商品的价值的比例，就是生产前者的必要劳动时间同生产后者的必要劳动时间的比例”[2]，“价值量不以交换者的意志、设想和活动为转移而不断地变动着……在私人劳动产品的偶然的不断变动的交换比例中，生产这些产品的社会必要劳动时间作为起调节作用的自然规律强制地为自己开辟道路，就像房屋倒在人的头上时重力定律强制地为自己开辟道路一样”[3]。当然，在现实的商品交换中，“等价物的交换只是平均来说才存在，不是存在于每个个别场合”[4]，“价格和价值量之间的量的不一致的可能性，或者价格偏离价值量的可能性，已经包含在价格形式本身中。但这并不是这种形式的缺点，相反地，却使这种形式成为这样一种生产方式的适当形式，在这种生产方式下，规则只能作为没有规则性的盲目起作用的平均数规律来为自己开辟道路”[5]。换句话说，“市场价格的不断波动，即它的涨落，会互相补偿，彼此抵消，并且还原为平均价格”，“归根到底是由商品的价值来调节的”[6]，“不同生产部门的

1 《马克思恩格斯文集》第 5 卷，人民出版社 2009 年版，第 675 页。

2 同上书，第 53 页。

3 同上书，第 92 页。

4 《马克思恩格斯文集》第 3 卷，人民出版社 2009 年版，第 434 页。

5 《马克思恩格斯文集》第 5 卷，人民出版社 2009 年版，第 123 页。价格是对象化在商品内的劳动的货币名称，即在货币产生之后，商品价值的货币表现。

6 同上书，第 193、194 页。

知识链接

价格

一个商品在已经执行货币商品职能的商品（如金）上的简单的相对的价值表现，就是价格形式。需要注意的是，货币虽然是商品的价值形式，但价格可以完全不是价值的表现，没有价值的东西在形式上可以具有价格，比如，良心、名誉、土地、债券和股票等。

商品按照它们的价值来出售这个假定，当然只是意味着：它们的价值是它们的价格围绕着运动的重心，而且价格的不断涨落也是围绕这个重心来拉平的”[1]。这就是通常所说的价值规律，它阐明了价值实体（抽象劳动）、量的决定（社会必要劳动时间）、交换原则（等价交换）和表现形式（价格围绕价值波动）。恩格斯特别强调，商品价格与价值的不断偏离不是对价值规律的否定，“只有通过竞争的波动从而通过商品价格的波动，商品生产的价值规律才能实现，社会必要劳动时间决定商品价值这一点才能成为现实”[2]。

马克思还认为，在广泛分工的情况下，“要使一个商品按照它

1 《马克思恩格斯文集》第7卷，人民出版社2009年版，第199页。
2 《马克思恩格斯文集》第4卷，人民出版社2009年版，第209页。

的市场价值来出售，也就是说，按照它包含的社会必要劳动来出售……就必须同这种商品的社会需要的量相适应，即同有支付能力的社会需要的量相适应。竞争，同供求比例的变动相适应的市场价格的波动，总是力图把耗费在每一种商品上的劳动的总量归结到这个标准上来”[1]，超出社会需要而耗费的劳动量也是得不到社会承认的，从而意味着“只有当全部产品是按必要的比例生产时，它们才能卖出去。社会劳动时间可分别用在各个特殊生产领域的份额的这个数量界限，不过是价值规律本身进一步展开的表现，虽然必要劳动时间在这里包含着另一种意义”[2]。

等量社会劳动的产品可以相互交换的价值规律，“正是商品生产的基本规律，也就是商品生产的最高形式即资本主义生产的基本规律”[3]，体现了市场对资源配置的决定性作用，它通过同一种商品的价值量由社会必要劳动时间决定的要求，形成社会价值与个别价值的差额（超额利润的来源），刺激不同企业之间的竞争，促进技术进步，提高生产效率；通过第二种含义的社会必要劳动时间的作用，调节劳动力和生产资料在各个部门之间分配；进一步地，通过国际分工和国际价值的决定，调节资源在世界不同国家之间的分配。

现在，让我们回顾一下上文的结构框架。马克思从商品概念出发，指出它是用来交换的劳动产品，是一种二重的东西：使用价值和交换价值，其中使用价值是商品的自然属性，在资本主义社会

1 《马克思恩格斯文集》第 7 卷，人民出版社 2009 年版，第 214 页。

2 同上书，第 717 页。

3 《马克思恩格斯文集》第 9 卷，人民出版社 2009 年版，第 329 页。

中，它同时是交换价值的物质承担者；交换价值反映社会关系，是商品的社会属性，是价值的表现方式或表现形式。实际上，“说商品是使用价值和交换价值，严格说来，这是不对的。商品是使用价值或使用物品和‘价值’。一个商品，只要它的价值取得一个特别的、不同于它的自然形式的表现形式，即交换价值形式，它就表现为这样的二重物”[1]。商品的价值量由生产商品的社会必要劳动时间决定，价值不变，交换价值可以“随着时间和地点的不同而不断改变”[2]，比如，供给大于需求时，交换价值下降，反之则反是。马克思的这一辩证逻辑，如下图所示。

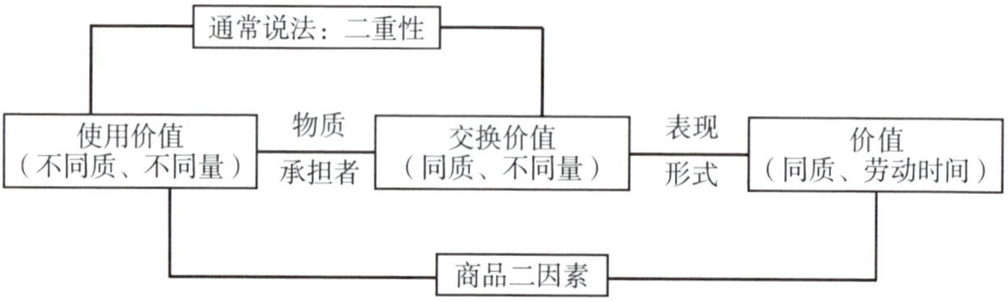

商品二因素↑

（二）理解政治经济学的枢纽

与商品二因素相对应，体现在商品中的劳动也存在具体劳动和抽象劳动之分，具有二重性。马克思指出，“商品中包含的劳动的这种二重性，是首先由我批判地证明的。这一点是理解政治经济学

1 《马克思恩格斯文集》第5卷，人民出版社2009年版，第76页。
2 同上书，第49页。

的枢纽”[1]。就满足某一特定需要的使用价值而言，如上衣，生产它需要使用布匹、开动缝纫机等特定种类的生产活动，“这种生产活动是由它的目的、操作方式、对象、手段和结果决定的”[2]。马克思把“由自己产品的使用价值或者由自己产品是使用价值来表示自己的有用性的劳动，我们简称为有用劳动……各种使用价值或商品体的总和，表现了同样多种的、按照属、种、科、亚种、变种分类的有用劳动的总和，即表现了社会分工”[3]，“在产品普遍采取商品形式的社会里，也就是在商品生产者的社会里，作为独立生产者的私事而各自独立进行的各种有用劳动的这种质的区别，发展成一个多支的体系，发展成社会分工”[4]。需要指出的是，任何一种不是天然存在的物质财富要素（使用价值），都需要通过有用劳动使自然物质适合于特殊的人类需要，是“自然物质和劳动这两种要素的结合”[5]，因此劳动并不是使用价值的唯一源泉，正如配第在《赋税论》中所说的，劳动是财富之父，土地是财富之母。这个过程涉及人与自然之间的物质变换，不以社会形式为转移。

一旦撇开劳动的特定性质，生产活动就只剩下一点，即“人的脑、肌肉、神经、手等等的生产耗费”[6]，它是一般人类劳动力的耗费。当然，正如我们在讨论“两条道路”时已经指出的，要理解“劳动一般”并非易事。马克思强调，“对任何种类劳动的同样看

1 《马克思恩格斯文集》第5卷，人民出版社2009年版，第54—55页。
2 同上书，第55页。
3 同上。
4 同上书，第56页。
5 同上。
6 同上书，第57页。

待，以各种现实劳动组成的一个十分发达的总体为前提，在这些劳动中，任何一种劳动都不再是支配一切的劳动。所以，最一般的抽象总只是产生在最丰富的具体发展的场合，在那里，一种东西为许多东西所共有，为一切所共有。这样一来，它就不再只是在特殊形式上才能加以思考了。另一方面，劳动一般这个抽象，不仅仅是各种劳动组成的一个具体总体的精神结果。对任何种类劳动的同样看待，适合于这样一种社会形式，在这种社会形式中，个人很容易从一种劳动转到另一种劳动，一定种类的劳动对他们说来是偶然的，因而是无差别的"[1]。在资本主义社会，随着劳动需求方向的改变，总有一定部分的人类劳动不断变换形式，从而使劳动一般——这个现代经济学的起点，成为实际上真实的东西，是"每个没有任何专长的普通人的有机体平均具有的简单劳动力的耗费。简单平均劳动本身虽然在不同的国家和不同的文化时代具有不同的性质，但在一定的社会里是一定的。比较复杂的劳动只是自乘的或不如说多倍的简单劳动……各种劳动化为当做它们的计量单位的简单劳动的不同比例，是在生产者背后由社会过程决定的"[2]。有鉴于此，匈牙利马克思主义思想家乔治·卢卡奇和美国马克思主义经济学家保罗·斯威齐都强调，把一切劳动归结为一个同名数的抽象，从而使各个劳动单位可以相互比较、相互代替、相加相减并最后汇总为社会总额的形式，是由资本主义的本质决定的[3]；也只有在商品生产的条件下，

1 《马克思恩格斯全集》第30卷，人民出版社1995年版，第45—46页。

2 《马克思恩格斯文集》第5卷，人民出版社2009年版，第58页。

3 参见［匈］卢卡奇：《历史与阶级意识——关于马克思主义辩证法的研究》，杜章智、任立、燕宏远译，商务印书馆1999年版，第54页；［美］保罗·斯威齐：《资本主义发展论——马克思主义政治经济学原理》，陈观烈、秦亚男译，商务印书馆1997年版，第48—49页。

劳动一般或抽象劳动才形成价值。

总之，正是由于生产商品的劳动具有不同形式，它们才成为使用价值的要素；同样，当它们的特殊形式被抽去之后，它们具有相同的质，即人类劳动，才成为价值的实体。“一切劳动，一方面是人类劳动力在生理学意义上的耗费；就相同的或抽象的人类劳动这个属性来说，它形成商品价值。一切劳动，另一方面是人类劳动力在特殊的有一定目的的形式上的耗费；就具体的有用的劳动这个属性来说，它生产使用价值”[1]，如下图所示。商品的价值量随生产力变化而变化的规律也源自劳动二重性，生产力属于劳动的具体有用形式，生产力越高，单位时间内生产的使用价值就越多，但是“不管生产力发生了什么变化，同一劳动在同样的时间内提供的价值量总是相同的”[2]，从而使单个使用价值中包含的劳动量相应减少，价值降低。

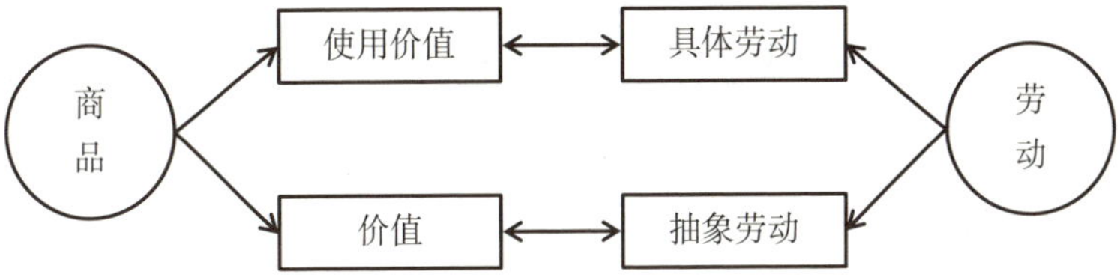

商品二因素与劳动二重性↑

斯密、李嘉图等资产阶级经济学家也承认劳动创造价值，但是由于未能区分具体劳动和抽象劳动，他们的价值理论在逻辑上是不完善、不彻底的，有时甚至还会产生悖论。例如，李嘉图学派认为

1 《马克思恩格斯文集》第 5 卷，人民出版社 2009 年版，第 60 页。

2 同上。

劳动是价值的尺度，就无法解释活劳动在和资本交换时，它的价值小于所交换的对象化劳动；按照李嘉图的价值规律，也不能解释其与等量资本获得等量利润的矛盾。[1]

劳动二重性学说在马克思的理论体系中有着极为重要的地位和意义。其一，它科学地阐明了商品交换的质的基础及其量的决定，即抽象劳动形成的价值是商品交换的基础，每个商品中包含的价值量的大小决定它们之间的交换比例。其二，它体现马克思主义的根本立场和基本方法。既然是劳动者的劳动而不是其他任何东西创造价值，那么，就必须坚持“发展为了人民、发展依靠人民、发展成果由人民共享”[2]，“这是马克思主义政治经济学的根本立场”[3]；要理解劳动创造价值，需要依靠抽象力，借助唯物辩证法，因为劳动的具体方面（异质）和抽象方面（同质）统一于单一的生产活动，并且前者的多样性恰恰是衡量后者一般性的标杆，我们需要透过具体劳动多样性的表象，抓住抽象劳动这一基本范畴。其三，“同商品体的可感觉的粗糙的对象性正好相反，在商品体的价值对象性中连一个自然物质原子也没有……商品只有作为同一的社会单位即人类劳动的表现才具有价值对象性，因而它们的价值对象性纯粹是社会的，那么不言而喻，价值对象性只能在商品同商品的社会关系中表现出来”[4]。也就是说，劳动二重性原理揭示了商品交换背后掩盖的人与人之间的关系，只有依据科学的劳动价值理论，才能进一步分

1 参见《马克思恩格斯文集》第 6 卷，人民出版社 2009 年版，第 24 页。

2 《中国共产党第十九届中央委员会第六次全体会议文件汇编》，人民出版社 2021 年版，第 96 页。

3 习近平:《不断开拓当代中国马克思主义政治经济学新境界》,《求是》2020 年第 16 期。

4 《马克思恩格斯文集》第 5 卷，人民出版社 2009 年版，第 61 页。

析资本主义的各个经济范畴及其矛盾运动。

（三）揿开货币的神秘面纱

在现代社会，商品交换已不再采取 x 单位的 A 交换 y 单位的 B 或者 z 单位的 C 的形式，“商品具有同它们使用价值的五光十色的自然形式成鲜明对照的、共同的价值形式，即货币形式”[1]。马克思的目的就是要解释货币的起源、本质、职能及其内在矛盾。他从简单的物物交换出发，从逻辑上阐明了商品价值关系中包含的价值表现“怎样从最简单的最不显眼的样子一直发展到炫目的货币形式。这样，货币的谜就会随着消失”[2]，这是资产阶级经济学从来没有打算做的事情。

1. 货币的起源与本质

马克思以“20 码麻布 =1 件上衣”为例，在这个价值表现中，等式左边的麻布通过上衣表现自己的价值，起主动作用，处于相对价值形式；等式右边的上衣则成为表现麻布价值的材料，起被动作用，处于等价形式，它们是“同一价值表现的互相依赖、互为条件、不可分离的两个要素，同时又是同一价值表现的互相排斥、互相对立的两端即两极”[3]。通过这个价值关系，上衣用自身的自然形式来表现麻布的价值形式，而它的使用价值之所以能够成为麻布价值的现象形态，恰恰是因为它本身也有价值——生产上衣与生产麻

1 《马克思恩格斯文集》第 5 卷，人民出版社 2009 年版，第 62 页。
2 同上。
3 同上书，第 62—63 页。

布一样，都耗费了一般人类劳动。“这样，潜藏在商品中的使用价值和价值的内部对立，就通过外部对立，即通过两个商品的关系表现出来了，在这个关系中，价值要被表现的商品只是直接当做使用价值，而另一个表现价值的商品只是直接当做交换价值。”[1]在此基础上，我们还可以进一步引申出等价形式的另外两个特征：具体劳动成为它的对立面即抽象人类劳动的表现形式；私人劳动成为它的对立面，即成为直接社会形式的劳动。

在复杂的市场交换环境中，同一商品会和各种不同的商品发生价值关系，从而使“商品的个别的价值表现就转化为一个可以不断延长的、不同的简单价值表现的系列”[2]，即总和的或扩大的价值形式，并最终结晶为一个“一般等价物”——或者说，被其他一切商品当作等价物排挤出来。此时，麻布能够与其他一切商品直接交换，它的自然形式成为这个世界的共同的价值形态，当作“一切人类劳动的可以看得见的化身，一般的社会的蛹化”[3]。与之相对应，生产麻布的私人劳动也就处于一般社会形式，处于与其他一切劳动等同的形式，“这样，对象化在商品价值中的劳动，不仅消极地表现为被抽去了实在劳动的一切具体形式和有用属性的劳动。它自身的积极的性质也清楚地表现出来了。这就是把一切实在劳动化为它们共有的人类劳动的性质，化为人类劳动力的耗费”[4]。需要指出的是，社会制度、习俗、惯例等非经济因素在价值形式由总和的或扩大的价值形式向一般形式过渡、确定那个特定商品具体为何时，发

1 《马克思恩格斯文集》第 5 卷，人民出版社 2009 年版，第 77 页。

2 同上书，第 78 页。

3 同上书，第 83 页。

4 同上。

挥了重要作用。[1]

一旦某种商品被商品世界排挤出来起一般等价物的作用，它就成为货币商品，执行货币的职能。当然，货币商品可以采取多种形态，如贝壳、牲畜，甚至人（奴隶）本身，而“随着商品交换日益突破地方的限制，从而商品价值日益发展成为一般人类劳动的化身，货币形式也就日益转到那些天然适于执行一般等价物这种社会职能的商品身上，即转到贵金属身上”[2]，后者具有均质、能够随意分割和合并等自然属性，适于担任货币的职能，因此“货币天然是金银”[3]。当金取代麻布成为一般等价形式时，一般价值形式就转化为货币形式；同时，它的使用价值也被二重化——既作为商品具有特殊的使用价值，“又取得一种由它的独特的社会职能产生的形式上的使用价值”[4]。“交换的扩大和加深的历史过程，使商品本性中潜伏着的使用价值和价值的对立发展起来。为了交易，需要这一对立在外部表现出来，这就要求商品价值有一个独立的形式，这个需要一直存在，直到由于商品分为商品和货币这种二重化而最终取得这个形式为止。”[5]现在，其他一切商品都以换成货币、实现惊险的跳跃为目的，表明用在商品上的劳动是以社会有用的形式耗费的。价值形式的发展如下图所示。

1 cf. Costas Lapavitsas, “The Emergence of Money in Commodity Exchange, or Money as Monopolist of the Ability to Buy”, *Review of Radical Economy*, Vol.17, No.4, 2005.

2 《马克思恩格斯文集》第5卷，人民出版社2009年版，第108页。

3 同上。

4 同上书，第109页。

5 同上书，第106页。

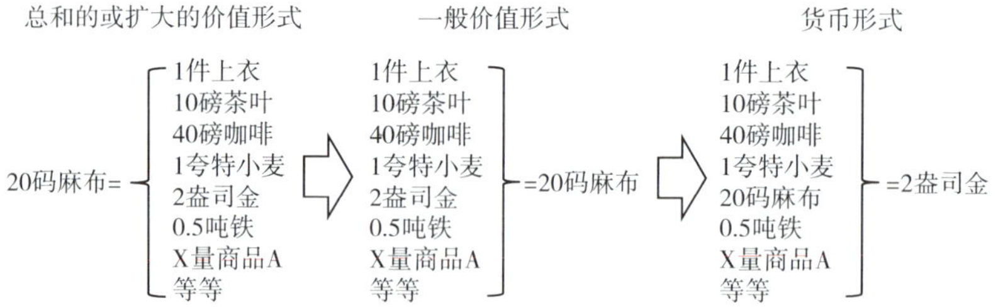

价值形式的演进↑

2. 货币的五种职能

在发达的商品经济条件下，货币执行着五种职能，即价值尺度、流通手段、贮藏手段、支付手段和世界货币，其中，价值尺度和流通手段是货币的基本职能。价值尺度职能指的是“为商品世界提供表现价值的材料，或者说，是把商品价值表现为同名的量，使它们在质的方面相同，在量的方面可以比较”[1]。货币之所以能够充当价值尺度，是因为货币本身是劳动产品，具有价值，“货币作为价值尺度，是商品内在的价值尺度即劳动时间的必然表现形式”[2]。此时，商品的价值表现为一定的金量，为了便于相互比较，需要把某一固定金量作为商品价值的计价单位，后者通过进一步等分发展成为标准，金也就从价值尺度转化为价格标准——起初价格标准由贵金属原有的重量标准名称承担，历史过程促成了金属重量的货币名称与通常重量名称的分离，最后依靠国家法律来规定。这样，“商品就用自己的货币名称说明自己值多少，每当需要把一物当做

1 《马克思恩格斯文集》第 5 卷，人民出版社 2009 年版，第 114 页。
2 同上。

价值，从而用货币形式来确定时，货币就充当计算货币”[1]。

与物物交换（W—W）不同，商品的交换过程表现为W—G—W，即从商品（W）转化为货币（G）——卖（W—G），又从货币（G）转化为商品（W）——买（G—W），从其物质内容来看，实为W—W，即为买而卖，流通手段职能指的就是货币在商品流通中的中介作用。作为商品流通的中介，货币取得流通手段的职能，而交换又为货币形式的发展创造条件，“正如商品的交换价值通过商品的交换过程结晶为金货币一样，金货币在流通中升华为它自身的象征，最初采取磨损的金铸币的形式，而后采取金属辅币的形式，最后采取无价值的记号、纸片、单纯的价值符号的形式”[2]。然而，货币的介入把“换出自己的劳动产品和换进别人的劳动产品这二者之间的直接的同一性，分裂成卖和买这二者之间的对立……当内部不独立（因为互相补充）的过程的外部独立化达到一定程度时，统一就要强制地通过危机显示出来”[3]。换句话说，尽管商品的总形态变化组成一个商品形式—抛弃商品形式（货币形式）—复归商品形式的循环，但是卖和买在时间和空间上的分离，包含着危机的可能性。

如果商品的形态变化受到阻碍，在卖之后没有继续买，货币就会停止流动，硬化为贮藏货币，并使商品出售者成为货币贮藏者。“随着商品流通本身的最初发展，把第一形态变化的产物，商品的

1 《马克思恩格斯文集》第5卷，人民出版社2009年版，第121页，这里的计算货币和现代货币理论（modern money theory，MMT）的记账货币是一回事，英文都是money of account。

2 《马克思恩格斯全集》第31卷，人民出版社1998年版，第508页。

3 《马克思恩格斯文集》第5卷，人民出版社2009年版，第135页。

转化形态或它的金蛹保留在自己手中的必要性和欲望也发展起来了”[1]，由于货币是“一切商品的一般等价形式，是一切人类劳动的直接的社会化身。贮藏货币的欲望按其本性是没有止境的”[2]。

如果商品的让渡与货币的转手在时间上分离开来，即在商品从卖者手中转移到买者手中的时候，货币没有同时从买者手中转移到卖者手中，而是在支付期限到来之时才完成货币的转移，此时货币就执行支付手段的职能。当支付锁链互相交错，从而可以相互抵消时，“货币就只是在观念上执行计算货币或价值尺度的职能。而在必须进行实际支付时，货币又不是充当流通手段，不是充当物质变换的仅仅转瞬即逝的中介形式，而是充当社会劳动的单个化身，充当交换价值的独立存在，充当绝对商品”[3]。因此，货币作为支付手段，包含着一个直接矛盾，这种矛盾在支付链条和抵消支付的制度充分发展的地方特别明显，一旦危机爆发，“货币就会突然直接地从计算货币的纯粹观念形态转变成坚硬的货币……商品和它的价值形态（货币）之间的对立发展成绝对矛盾。因此，货币的表现形式在这里也是无关紧要的。不管是用金支付，还是用银行券这样的信用货币支付，货币荒都是一样的”[4]。

如果货币越出国内流通领域，在世界市场上作为一般支付手段、一般购买手段和一般财富的绝对社会化身发挥作用，就执行世界货币的职能。马克思认为，货币离开国内流通就要脱掉国家制服，抛弃“那些由这种特殊领域内的交换过程的发展所引起的特殊

1 《马克思恩格斯文集》第 5 卷，人民出版社 2009 年版，第 153 页。
2 同上书，第 156 页。
3 同上书，第 161 页。
4 同上书，第 162 页。

形式，即它的作为价格标准、铸币、辅币和价值符号的地方形式”[1]，回到无差别的自然形式以彰显它是劳动时间的必然表现和高品质的世界价值尺度，“只有在世界市场上，货币才充分地作为这样一种商品执行职能，这种商品的自然形式同时就是抽象人类劳动的直接的社会实现形式”[2]。

总之，在马克思看来，货币不是什么神秘的东西，货币结晶是交换过程的必然产物，它的五种职能的充分发展也是生产和交换不断扩大的内在要求，它们统一于货币作为一般等价物的本质属性。

3. 货币基本职能矛盾与货币品质

货币实现它的社会的使用价值，涉及两个基本方面，即从职能的角度看，“作为价值尺度并因而以自身或通过代表作为流通手段来执行职能的商品，是货币”[3]。马克思精辟地论述了货币作为价值尺度与流通手段之间的潜在矛盾，它们“受到不仅是相反的、而且似乎是同这两种职能的对立相矛盾的规律所支配。在货币作为价值尺度的职能上，货币只是用作计算货币，而金只是用作观念的金，对于这种职能来说，一切都取决于货币的自然物质……相反，在货币作为流通手段的职能上，货币不仅是想象的，而且必须作为实在的东西同其他商品并列，对于这种职能来说，货币的物质变得毫无关系，而一切都决定于它的量……就只是想象的货币而论，一切决定于它的物质实体，就感性上存在的铸币而论，一切决定于观念上的数的比例，这一点是同人类的常识相矛盾的”[4]。

1 《马克思恩格斯全集》第 31 卷，人民出版社 1998 年版，第 544 页。
2 《马克思恩格斯文集》第 5 卷，人民出版社 2009 年版，第 166 页。
3 同上书，第 152 页。
4 《马克思恩格斯全集》第 31 卷，人民出版社 1998 年版，第 515 页。

具体来说，在价值尺度职能上，货币实体或“黄金幽灵”[1]一再出现：其一，贵金属比值高、不易损坏、均质、能够随意分割与合并等自然属性使其更适合承担货币的职能。其二，“货币作为价值尺度，是商品内在的价值尺度即劳动时间的必然表现形式”[2]，因此某一商品的价格表现为包含等量劳动的货币商品的量，“完全取决于实在的货币材料”[3]。换句话说，随着充当价值尺度的贵金属本身材料上的差异（金、银、铜等），商品将具有不同的价格。其三，既然货币是劳动产品，它的价值就是潜在可变的，这在只有一种价值尺度的场合只会同时影响其他一切商品，并不妨碍货币执行价值尺度的职能，但是如果有多种商品充当货币，那么，维持它们之间的固定比例从而使其不至于扰乱以不同货币表示的价格之间的稳定关系就变得极为困难，因此“凡有两种商品依法充当价值尺度的地方，事实上总是只有一种商品保持着这种地位”[4]，马克思“在本书各处都假定金是货币商品”[5]。其四，在世界市场上，货币要脱掉不同的国家制服，恢复本来贵金属块的形式，此时“货币的存在方式与货币的概念相适合了”[6]。

当货币执行流通手段职能时，情形则大不一样，“作为流通手

1 Murray Wolfson, “Comment: Marx, the Quantity Theory and the Theory of Value”, *History of Political Economy*, Vol.20, No.1, 1988.

2 《马克思恩格斯文集》第 5 卷，人民出版社 2009 年版，第 114 页。

3 同上书，第 116 页。

4 《马克思恩格斯全集》第 31 卷，人民出版社 1998 年版，第 470 页。

5 《马克思恩格斯文集》第 5 卷，人民出版社 2009 年版，第 114 页。在《资本论》第二卷中，马克思也作了同样的假设，“总的说来，在这整个第二册中，我们所说的货币，是指金属货币”。《马克思恩格斯文集》第 6 卷，人民出版社 2009 年版，第 129 页。

6 同上书，第 166 页。

段，货币的物质性，充当单位的材料是无关紧要的”[1]。从可能性上看，金在流通过程中会或多或少发生磨损，使金的名称和金的实体、名义重量和实际重量相分离，自发地产生象征性货币，“流通过程的自然倾向是要把铸币的金存在转化为金假象，或把铸币转化为它的法定金属含量的象征”[2]；只要商品形态变化的过程能够顺利实现，货币就只是商品形态变化的联结，“作为商品价格的转瞬即逝的客观反映，只是当做它自己的符号来执行职能，因此也能够由符号来代替”[3]。从必然性上看，采用价值较大的金进行小额支付非常不便，并且在技术上铸造重量极小的金币或银币存在困难，因此与价值无关的货币记号（辅币）“在铸币流通最快因而磨损最快的商品流通领域中，即在极小额的买卖不断重复进行的领域中代替了金”[4]，进而开启“用一种象征性的货币来代表另一种象征性的货币”[5]的永无止境的过程，最终“正如那部分必须经常当作零钱而流通的金被金属记号代替一样，那部分经常当作铸币被国内流通领域吸收的、因而必须不断流通的金，也可以被无价值的记号所代替”[6]。纸币——强制流通的国家纸币，是“直接从金属流通中产生出来的”[7]。

法国学者苏珊·德·布伦霍夫表达了类似的观点，在她看来，价值尺度与流通手段在性质和数量上的差异试图把一般等价物从其

1 《马克思恩格斯全集》第 31 卷，人民出版社 1998 年版，第 402 页。
2 《马克思恩格斯文集》第 5 卷，人民出版社 2009 年版，第 148 页。
3 同上书，第 152 页。
4 同上书，第 148 页。
5 《马克思恩格斯全集》第 31 卷，人民出版社 1998 年版，第 507—508 页。
6 同上书，第 508 页。
7 《马克思恩格斯文集》第 5 卷，人民出版社 2009 年版，第 149 页。

货币形式（实际执行职能的特定商品）中分离出来。[1]大卫·哈维也延续了马克思的分析，强调"当货币发挥流通手段的职能时，它必须把自己与价值的'真实'代表分割开来，让市场价格得以偏离价值，并证明自己是交换过程灵活的润滑剂，而这种交换过程是难以预料的，还会无休止地变化"[2]。也就是说，为了保证货币作为价值尺度的充分性，就要牺牲作为流通手段的灵活性；为了实现货币作为流通手段的灵活性，就要牺牲作为价值尺度的充分性，它们的相互作用推动着货币形式和货币体系的不断演进，由此产生货币品质维护的新问题：货币符号的地位并不稳固，相对没有价值的东西充当货币，需要得到社会公认，或由国家强制取得法定地位，并且被限定在一国范围内，代替经常处于流通领域的最低限度的金量。

上述分析仅仅涉及简单流通过程，如果突破这一限制就会发现，在资本主义条件下，执行货币职能的商品既不进入个人消费，也不进入生产消费，而生产它们却需要占用社会资源，"除了社会财富的一部分被束缚于这种非生产的形式之外，货币的磨损也要求不断得到补偿，或要求把更多的产品形式的社会劳动转化为更多的金和银"[3]。这些非生产性耗费或者纯粹的流通费用会随着资本主义生产的发展而壮大，如果能节约它们，对社会来说大有裨益。更重要的是，资本主义生产和流通的巨大弹性，它的扩张与收缩客观上要求货币供给的灵活性，这也是受自然储量、开采技术和生产时间限制的金属货币所不具备的，资本主义脱离商品货币约束的动机始

1 cf. Suzanne de Brunhoff, *Marx on Money*, Urizen Books, 1976, p.38.

2 ［美］大卫·哈维：《资本的限度》，张寅译，中信出版社 2017 年版，第 459 页。

3 《马克思恩格斯文集》第 6 卷，人民出版社 2009 年版，第 153 页。

终存在，从而需要把信用和信用货币（商业票据、银行券等）纳入分析视域。正因为如此，马克思多次强调，“信用货币产生的条件，我们从简单商品流通的观点来看还是根本不知道的”[1]，“真正的信用货币不是以货币流通（不管是金属货币还是国家纸币）为基础，而是以票据流通为基础”[2]，“属于社会生产过程的较高阶段，它受完全不同的规律支配”[3]，但它也必将加剧货币基本职能矛盾，提高维护货币品质的难度和维度。

三、资本与剩余价值

《资本论》第一卷的第二至六篇以马克思对基本发现——剩余价值秘密的解释为中心。通过把资本划分为可变资本和不变资本，马克思“第一个详尽地阐述了剩余价值形成的实际过程，从而说明了这一过程，而这是他的任何一个前人都没有做到的……提供了一把解决经济学上最复杂的问题的钥匙”[4]。围绕剩余价值，“阐明了我们现在才具有的第一个合理的工资理论”[5]，因为工资仅仅是劳动力价值的转化形式，而非工人在生产过程中创造的全部价值。在资本主义社会，剩余价值有两种形式，即绝对剩余价值和相对剩余价值，并且“这两种形式在资本主义生产的历史发展中起了不同的然

1 《马克思恩格斯文集》第 5 卷，人民出版社 2009 年版，第 149 页。
2 《马克思恩格斯文集》第 7 卷，人民出版社 2009 年版，第 451 页。
3 《马克思恩格斯全集》第 31 卷，人民出版社 1998 年版，第 510 页。
4 《马克思恩格斯文集》第 6 卷，人民出版社 2009 年版，第 22 页。
5 同上。

而都是决定性的作用”[1]。

（一）货币转化为资本的前提

在资本主义社会，生产资料与劳动力的结合采取了资本雇佣劳动的方式，劳动力成为商品，是货币转化为资本的前提。与其他任何商品一样，劳动力商品也具有价值和使用价值，前者可以归结为维持劳动力占有者所必要的生活资料的价值；后者就是劳动本身，它形成价值，并会为资本家带来剩余价值。

1. 资本总公式的矛盾

作为货币的货币和作为资本的货币具有不同的流通形式。上文已经指出，商品交换或商品流通的直接形式是 W—G—W（W′），商品转化为货币，货币再转化为商品，即为买而卖，起点和终点的商品具有不同的使用价值，其最终目的是占有处于终点的商品的使用价值，通过消费它来满足某种需要，此时货币起中介商品流通的作用，是单纯作为货币的货币。资本流通则不同，它表现为 G—W—G（G′ =G+ΔG），货币转化为商品，商品再转化为货币，即为卖而买，起点和终点的货币具有不同的数量，并且“最后从流通中取出的货币，多于起初投入的货币”[2]，这个增殖额或者超过原价值的余额，马克思称为剩余价值，用字母 m 表示，正是这种运动使货币转化为资本。

由于为卖而买的过程开端和终结都是货币，都是交换价值，它

1 《马克思恩格斯文集》第 6 卷，人民出版社 2009 年版，第 22 页。
2 《马克思恩格斯文集》第 5 卷，人民出版社 2009 年版，第 176 页。

知识链接

资本

商品流通是达到流通以外的最终目的，占有使用价值，满足需要的手段。相反，作为资本的货币的流通本身就是目的，只有在不断更新的运动中才有价值的增殖，从这个意义上来说，资本的运动是没有限度的。

的“流通本身就是目的，因为只是在这个不断更新的运动中才有价值的增殖。因此，资本的运动是没有限度的”[1]。一旦货币从流通中取出凝固为贮藏货币，从一个运动过程退化为僵硬的物，它就再也无法实现价值的增殖。“作为这一运动的有意识的承担者，货币占有者变成了资本家……这种流通的客观内容——价值增殖——是他的主观目的；只有在越来越多地占有抽象财富成为他的活动的唯一动机时，他才作为资本家或作为人格化的、有意志和意识的资本执行职能”，“他的目的也不是取得一次利润，而只是谋取利润的无休止的运动。这种绝对的致富欲，这种价值追逐狂，是资本家和货币贮藏者所共有的，不过货币贮藏者是发狂的资本家，资本家是理智的货币贮藏者。货币贮藏者通过竭力把货币从流通中拯救出来所谋

1 《马克思恩格斯文集》第 5 卷，人民出版社 2009 年版，第 178 页。

求的无休止的价值增殖，为更加精明的资本家通过不断地把货币重新投入流通而实现了。”[1]

马克思把 G—W—G′ 看作直接在流通领域内表现出来的资本的总公式，在这里，“价值成了处于过程中的价值，成了处于过程中的货币，从而也就成了资本。它离开流通，又进入流通，在流通中保存自己，扩大自己，扩大以后又从流通中返回来，并且不断重新开始同样的循环”[2]。如果仔细研究就会发现，“货币羽化为资本的流通形式，是和前面阐明的所有关于商品、价值、货币和流通本身的性质的规律相矛盾的”[3]。资本流通的两个阶段，买（G—W）和卖（W—G′）都发生在流通领域，按照价值规律的要求，“商品的流通过程就其纯粹的形式来说，要求等价物的交换”[4]；即使非等价物的交换，此时此地一人的多得总会被彼时彼地另一个人的损失所抵消，因此“无论怎样颠来倒去，结果都是一样。如果是等价物交换，不产生剩余价值；如果是非等价物交换，也不产生剩余价值。流通或商品交换不创造价值”[5]。但是我们也的确看到，作为资本家幼虫的货币占有者，按商品的价值购买商品，并按商品的价值出卖商品，但他在过程终了时取出的价值大于他投入的价值，那么，剩余价值 ΔG=G′ –G 从何而来呢？“要转化为资本的货币的价值变化，不可能发生在这个货币本身上……在流通的第二个行为即商品的再度出卖上，也不可能发生这种变化……因此，这种变化必定发

1 《马克思恩格斯文集》第 5 卷，人民出版社 2009 年版，第 178、179 页。

2 同上书，第 181 页。

3 同上书，第 182 页。

4 同上书，第 186 页。

5 同上书，第 190 页。

生在第一个行为G—W中所购买的商品上，但不是发生在这种商品的价值上，因为互相交换的是等价物，商品是按它的价值支付的……要从商品的消费中取得价值，我们的货币占有者就必须幸运地在流通领域内即在市场上发现这样一种商品，它的使用价值本身具有成为价值源泉的独特属性，因此，它的实际消费本身就是劳动的对象化，从而是价值的创造。货币占有者在市场上找到了这样一种独特的商品，这就是劳动能力或劳动力。”[1]

2. 劳动力成为商品

劳动力或劳动能力，“理解为一个人的身体即活的人体中存在的、每当他生产某种使用价值时就运用的体力和智力的总和”[2]。要使货币占有者能够在市场上找到作为商品的劳动力，就必须存在具有双重自由的工人：一方面，“劳动力占有者要把劳动力当做商品出卖，他就必须能够支配它，从而必须是自己的劳动能力、自己人身的自由所有者”，“他在让渡自己的劳动力时不放弃自己对它的所有权”[3]，正是这一点把工人与奴隶区分开来，因为后者本身就是奴隶主的财产，不拥有对劳动力的所有权；另一方面，“劳动力占有者没有可能出卖有自己的劳动对象化在其中的商品，而不得不把只存在于他的活的身体中的劳动力本身当做商品出卖”[4]。马克思强调，与之前考察过的经济范畴（商品、货币）一样，这两个条件也是以往历史发展的结果，特别是资本原始积累过程的产物。在原始积累过程中，一方面，某些人手里积累起了一定数量的货币财富；另一

1 《马克思恩格斯文集》第5卷，人民出版社2009年版，第194—195页。

2 同上书，第195页。

3 同上书，第195、196页。

4 同上书，第196页。

方面，劳动者的生产资料被剥夺，成为“没有产业的工人，是只能靠出卖劳动力为生的工人‘无产者’”[1]，而“只有当生产资料和生活资料的占有者在市场上找到出卖自己劳动力的自由工人的时候，资本才产生”[2]。原始积累的过程不是田园诗式的东西，通过圈地运动和血腥立法，“大量的人突然被强制地同自己的生存资料分离，被当做不受法律保护的无产者抛向劳动市场”[3]，个中苦难使马克思得出了“资本来到世间，从头到脚，每个毛孔都滴着血和肮脏的东西”[4]的著名论断。

与其他任何商品一样，劳动力商品也具有价值和使用价值。劳动力商品的价值“是由生产从而再生产这种独特物品所必要的劳动时间决定的”[5]，由于劳动力的生产以活的个体存在为前提，而活的个体要维持自己，就需要一定量的生活资料，“因此，生产劳动力所必要的劳动时间，可以归结为生产这些生活资料所必要的劳动时间，或者说，劳动力的价值，就是维持劳动力占有者所必要的生活资料的价值”[6]。这里的“必要的生活资料的价值”有四层含义：其一，劳动力的发挥将耗费人的体力和脑力，这些消耗必须重新得到补偿，因此生活资料的数量至少足以使劳动者在正常生活状况下维持自己；其二，由于死亡或损耗而退出市场的劳动力必须得到替换，因此生产劳动力所必要的生活资料的数量也应当包括工人抚养子女所必需的那一部分生活资料；其三，生产特定的使用价值需要

1 《列宁专题文集·论马克思主义》，人民出版社2009年版，第21页。
2 《马克思恩格斯文集》第5卷，人民出版社2009年版，第198页。
3 同上书，第823页。
4 同上书，第871页。
5 同上书，第198页。
6 同上书，第199页。

一定的技能和技巧，需要教育或培训，这种教育费用也包括在生产劳动力所耗费的价值总和中；其四，“和其他商品不同，劳动力的价值规定包含着一个历史的和道德的要素”[1]，在不同国家或同一国家的不同历史时期，由于自然特点、文化水平、生活习惯的不同，必要生活资料的数量及其构成也存在差异。

劳动力商品的使用价值即为劳动，恩格斯指出：“在我们当代的资本主义社会里，劳动力是商品，是跟任何其他的商品一样的商品，但却是一种完全特殊的商品。这就是说，这个商品具有一种独特的特性：它是创造价值的力量，是价值的源泉，并且——在适当使用的时候——是比自己具有的价值更多的价值的源泉。”[2]也就是说，“劳动力的消费过程，同时就是商品和剩余价值的生产过程”[3]，这个过程是在市场之外、生产之时进行的。如果说劳动力的买卖发生在流通领域，买卖双方在法律上是平等的，交换遵循等价原则，那么，一离开这个商品交换领域，“让我们同货币占有者和劳动力占有者一道，离开这个嘈杂的、表面的、有目共睹的领域，跟随他们两人进入门上挂着‘非公莫入’牌子的隐蔽的生产场所吧！在那里，不仅可以看到资本是怎样进行生产的，而且还可以看到资本本身是怎样被生产出来的。赚钱的秘密最后一定会暴露出来”。“原来的货币占有者作为资本家，昂首前行；劳动力占有者作为他的工人，尾随于后。一个笑容满面，雄心勃勃；一个战战兢兢，畏缩不前，像在市场上出卖了自己的皮一样，只有一个前途——让人家来鞣。”[4]

1 《马克思恩格斯文集》第5卷，人民出版社2009年版，第199页。
2 《马克思恩格斯文集》第1卷，人民出版社2009年版，第708页。
3 《马克思恩格斯文集》第5卷，人民出版社2009年版，第204页。
4 同上书，第204、205页。

（二）资本剥削劳动的秘密

资本主义的生产过程是劳动过程和价值增殖过程的统一，而价值增殖过程“不外是超过一定点而延长了的价值形成过程”[1]。资本家会尽可能地把劳动时间延长到为补偿劳动力价值所需的时间以上，而他付给工人的工资仅仅是劳动力价值的转化形式，这就是剩余价值生产的秘密，也是资本主义剥削的秘密。

1. 劳动过程和价值增殖过程

如果撇开每一种特定的社会形式加以考察，劳动过程首先“是人以自身的活动来中介、调整和控制人和自然之间的物质变换的过程”[2]，它的简单要素是：劳动本身、劳动对象和劳动资料。在劳动过程中，人的活动借助劳动资料使劳动对象发生符合人们预期的特定变化，它的产品是使用价值，适合人的某种需要。“如果整个过程从其结果的角度，从产品的角度加以考察，那么劳动资料和劳动对象二者表现为生产资料，劳动本身则表现为生产劳动。”[3]这一制造使用价值的劳动过程，是人类生存的永恒条件，不以社会形式为转移。

劳动过程，就它是资本家消费劳动力的过程来说，显示出两个特殊现象：其一，工人的劳动能力是资本家作为商品在市场上购买来的，在消费它时，“工人在资本家的监督下劳动，他的劳动属于资本家。资本家进行监视，使劳动正常进行，使生产资料用得合乎

1 《马克思恩格斯文集》第 5 卷，人民出版社 2009 年版，第 227 页。

2 同上书，第 207—208 页。

3 同上书，第 211 页。

目的，即原料不浪费，劳动工具受到爱惜”[1]。其二，劳动成果归资本家所有，劳动者把劳动力出卖给资本家，也就把这种商品的使用价值在一定时间内让渡给了资本家，资本家让它与同样是在市场上购买的生产资料相结合，由此生产出来的新产品也就成为资本家的所有物。

占有新产品——使用价值绝不是资本家的主观意愿，资本运动的目的在于寻求价值的增殖，而资本家之所以生产并占有使用价值，仅仅是因为使用价值是交换价值的物质承担者，并且他还要力图使新生产出来的商品的价值尽可能地大于生产资料和劳动力的价值总和。一句话，“他不仅要生产使用价值，而且要生产商品，不仅要生产使用价值，而且要生产价值，不仅要生产价值，而且要生产剩余价值”[2]。也就是说，在资本主义生产方式下，与商品使用价值和价值的统一相对应，商品生产过程也表现出二重性，它一方面是生产使用价值的劳动过程，另一方面也是价值形成和价值增殖的过程。

现在的问题是，价值增殖是如何实现的，或者说剩余价值是怎样生产出来的？马克思以棉纱生产为例，假定原料 10 磅棉花的价值为 10 先令，加工时消耗的纱锭价值为 2 先令，把 10 磅棉花纺成 10 磅棉纱平均来说需要 6 个劳动小时，劳动力的价值 =3 先令 / 日，即工人每天所需的生活资料的价值为 3 先令。假定生产它们需要 6 个劳动小时，工人每天的劳动时间也是 6 小时，那么，由于在纺纱过程中，棉花吸收了 6 个小时的劳动，此时 10 磅棉纱的价值 =12 先令生产资料的价值（棉花和纱锭）+3 先令（6 小时劳动）=15 先

1 《马克思恩格斯文集》第 5 卷，人民出版社 2009 年版，第 216 页。

2 同上书，第 217—218 页。

令，这也是棉纱在市场上出售时的价格。如果事实果真如此，就永远不能产生剩余价值，货币也就没有转化为资本。解开谜团的关键在于，“劳动力一天的维持费和劳动力一天的耗费，是两个完全不同的量。前者决定它的交换价值，后者构成它的使用价值”[1]。3 先令仅相当于 6 个劳动小时，却可以维持一个工人一天的生活，它也并不妨碍工人劳动一整天！资本家购买劳动力时，正是看中了劳动力的价值和劳动力在劳动过程中的价值增殖之间的差额，“具有决定意义的，是这个商品独特的使用价值，即它是价值的源泉，并且是大于它自身的价值的源泉。这就是资本家希望劳动力提供的独特的服务……货币占有者支付了劳动力的日价值，因此，劳动力一天的使用即一天的劳动就归他所有”[2]。所以，工人在生产过程中遇到的绝不会是劳动 6 小时把 10 磅棉花纺成棉纱，他遇到的是 20 磅棉花因而是 12 小时的工作量。20 磅棉纱的价格 =24 先令生产资料的价值（棉花和纱锭）+6 先令（12 小时劳动）=30 先令，而投入劳动过程的商品的价值总和 =24 先令生产资料的价值（棉花和纱锭）+3 先令（劳动力的日价值）=27 先令，增殖了 3 先令。“戏法终于变成了。货币转化为资本了。”“货币转化为资本的这整个过程，既在流通领域中进行，又不在流通领域中进行。它是以流通为中介，因为它以在商品市场上购买劳动力为条件。它不在流通中进行，因为流通只是为价值增殖过程作准备，而这个过程是在生产领域中进行的。”[3]

1 《马克思恩格斯文集》第 5 卷，人民出版社 2009 年版，第 225 页。
2 同上书，第 226 页。
3 同上书，第 226、227 页。

2. 不变资本、可变资本与工资

在生产过程中，工人把一定量的劳动加到劳动对象上，也就是把新价值加到劳动对象上。同时，被消耗的生产资料的价值又成为产品的价值组成部分，“在同一时间内，劳动就一种属性来说必然创造价值，就另一种属性来说必然保存或转移价值”[1]。比如，上面用棉花纺纱的例子，纺纱工人的劳动就抽象的体力和脑力耗费来说，把新价值加到棉花和纱锭的价值上，而就生产特殊的使用价值来说，又把棉花和纱锭等生产资料的价值转移到新产品棉纱上，把这些价值保存在产品中，“新价值的加进，是由于劳动的单纯的量的追加；生产资料的旧价值在产品中的保存，是由于所追加的劳动的质。同一劳动由于它的二重性造成的这种二重作用，清楚地表现在不同的现象上”[2]。

根据劳动过程中的不同要素在产品价值形成过程中的不同作用，亦即资本的不同组成部分在价值增殖过程中的不同职能，一方面，可以把转变为生产资料即原料、辅助材料、劳动资料的那部分资本称为不变资本，用字母 c 表示，它在生产过程中不改变自己的价值量，仅仅是将自己的价值转移到新产品中去；另一方面，把转变为劳动力的那部分资本称为可变资本，用字母 v 表示，因为它在生产过程中改变自己的价值，不但再生产出自身的等价物，而且生产出超过这一等价物的余额，即剩余价值 m，并且剩余价值的量可大可小，取决于劳动时间的长短及其紧张程度。“资本的这两个组成部分，从劳动过程的角度看，是作为客观因素和主观因素，作为

1 《马克思恩格斯文集》第 5 卷，人民出版社 2009 年版，第 232 页。

2 同上书，第 234 页。

在资本主义条件下，剩余价值率是工人受资本家剥削程度的表现。图为1905年1月22日俄国彼得堡平民示威者请愿实行最低工资制和八小时工作制时遭到镇压的场景　文化传播/供图↑

生产资料和劳动力相区别的；从价值增殖过程的角度看，则是作为不变资本和可变资本相区别的。”[1]

剩余价值m是预付在劳动力上的可变资本v发生价值变化的结果，马克思把“可变资本的这种相对的价值增殖或剩余价值的相对量，称为剩余价值率”[2]，可以用公式m′=m/v表示，“是劳动力受资本剥削的程度或工人受资本家剥削的程度的准确表现”[3]。工人在全部劳动过程的一段时间内，只是生产自己劳动力的价值，也就是用新创

1 《马克思恩格斯文集》第5卷，人民出版社2009年版，第243页。
2 同上书，第249页。
3 同上书，第252页。

造的价值来补偿资本家已经支付的可变资本的价值，这部分工作日称为必要劳动时间，而“超出必要劳动的界限做工的时间，虽然耗费工人的劳动，耗费劳动力，但并不为工人形成任何价值”[1]，这段时间形成剩余价值，称为剩余劳动时间，从而剩余价值率也可以用 m' = 剩余劳动时间 / 必要劳动时间 = 无酬劳动 / 有酬劳动表示。

资本家支付给工人的工资，表面上看表现为对一定量劳动支付的一定量货币，在资本主义社会，工资还常常采取计时工资和计件工资等各种形式，似乎工人劳动时间越长，熟练程度越高，得到的工资就越多，从而进一步造成工资是劳动本身的价值的假象。但是工人在市场上出卖的是自己的劳动能力，即劳动力商品，不是劳动本身，因此工资不过是劳动力价值和价格的转化形式，“资本家总是使劳动力执行职能的时间超过再生产劳动力本身的价值所需要的时间”[2]，而“工资的形式消灭了工作日分为必要劳动和剩余劳动、分为有酬劳动和无酬劳动的一切痕迹”[3]。

（三）剩余价值的生产过程

生产剩余价值或赚钱，是资本主义生产方式的绝对规律，只有生产并占有剩余价值，货币才转化为资本，资本才实现价值增殖。增加剩余价值有两种基本方法：延长工作日（绝对剩余价值生产）和缩短必要劳动时间（相对剩余价值生产）。

1 《马克思恩格斯文集》第5卷，人民出版社2009年版，第251页。
2 同上书，第618页。
3 同上书，第619页。

1. 绝对剩余价值的生产

绝对剩余价值生产构成资本主义制度的一般基础，“把工作日延长，使之超出工人只生产自己劳动力价值的等价物的那个点，并由资本占有这部分剩余劳动，这就是绝对剩余价值的生产”[1]。在资本主义生产方式的基础上，“必要劳动始终只能是工人的工作日的一部分，因此，工作日决不会缩短到这个最低限度”[2]。当然，工作日也有一个最高限度，这个最高限度受劳动力身体界限（一个人在自然日内只能支出一定量的生命力）和社会道德界限的制约（工人也需要时间来满足自己的精神需要和社会需要），工作日就在必要劳动时间确定的最低限度与由身体界限和社会界限确定的最高限度之内变动。

在马克思看来，“资本只有一种生活本能，这就是增殖自身，创造剩余价值，用自己的不变部分即生产资料吮吸尽可能多的剩余劳动”[3]，资本家按照劳动力的日价值购买了这种商品，就拥有它在一个工作日内的使用价值，“商品交换的性质本身没有给工作日规定任何界限，因而没有给剩余劳动规定任何界限”[4]。一方面，资本家坚持他作为买者的权利，尽量延长工作日，获取剩余价值；另一方面，除了身体界限和社会界限的约束之外，工人也要坚持他作为卖者的权利，要求把工作日限制在一定的量以内。“这里出现了二律背反，权利同权利相对抗……在平等的权利之间，力量就起决定作用。所以，在资本主义生产的历史上，工作日的正常化过程表现

1 《马克思恩格斯文集》第5卷，人民出版社2009年版，第583页。
2 同上书，第268页。
3 同上书，第269页。
4 同上书，第271页。

为规定工作日界限的斗争，这是全体资本家即资本家阶级和全体工人即工人阶级之间的斗争。”[1] 在《资本论》第一卷的第八章“工作日”，马克思用报告文学式的笔触展示了资本家对剩余劳动的贪欲，换班制等各种延长工作日的方法，工人阶级为缩短工作日进行的斗争，以及国家政权为延长工作日（14 世纪中叶至 17 世纪末叶关于延长工作日的强制性法律）和为缩短工作日（1833—1864 年英国的工厂立法）而进行的干预，列宁指出，“《资本论》问世后，世界一切文明国家的工人运动的历史，又提供了成千成万件表明这种情景的新的事实”[2]。

2. 相对剩余价值的生产

与绝对剩余价值的生产不同，相对剩余价值的生产改变的不是工作日的长度，而是工作日中必要劳动时间和剩余劳动时间的划分。必要劳动时间取决于劳动力的价值，在工作日长度既定的条件下，要缩短必要劳动时间，就“必须变革劳动过程的技术条件和社会条件，从而变革生产方式本身，以提高劳动生产力，通过提高劳动生产力来降低劳动力的价值，从而缩短再生产劳动力价值所必要的工作日部分”[3]。更准确地说，生产力的提高必须扩展到提供必要生活资料或者为制造必要生活资料提供生产资料的部门，由于必要生活资料的总和涉及各种商品，因此“劳动力价值随着它的再生产所必要的劳动时间的缩短而降低，这种必要劳动时间的全部缩短等于所有这些特殊生产部门中这种劳动时间缩短的总和”[4]。

1 《马克思恩格斯文集》第 5 卷，人民出版社 2009 年版，第 271—272 页。
2 《列宁专题文集·论马克思主义》，人民出版社 2009 年版，第 21 页。
3 《马克思恩格斯文集》第 5 卷，人民出版社 2009 年版，第 366 页。
4 同上书，第 367 页。

上文已经指出，对率先采用改良生产方式的单个资本家而言，他可以缩短自己的个别劳动时间，而商品的价值是用社会必要劳动时间来计量的，它在出售时实现的也是社会价值，于是在个别劳动时间与社会必要劳动时间、个别价值与社会价值之间就会产生一个差额，这个差额成为单个资本家占有的超额剩余价值。当新的生产方式被普遍采用时，新的已经降低的社会必要劳动时间形成，商品的个别价值和社会价值之间的差额也会消失，此时这种商品的价值降低了，变得便宜了。“只有当劳动生产力的提高扩展到同生产必要生活资料有关的生产部门，以致使属于必要生活资料范围，从而构成劳动力价值要素的商品变得便宜时，一般剩余价值率才会最终受到这一整个过程的影响。”[1]

在马克思看来，资本家对超额利润的理性追求在客观上提高了整个社会的劳动生产力，从而降低了生产这一商品的社会必要劳动时间，并将使资本家阶级作为一个整体获得相对剩余价值，“提高劳动生产力来使商品便宜，并通过商品便宜来使工人本身便宜，是资本的内在的冲动和经常的趋势”[2]。为了分析这一经常趋势，马克思考察了资本主义提高劳动生产力的三个基本历史阶段:（1）协作;（2）分工和工场手工业;（3）机器和大工业。其总的关注点是，“不管劳动生产率如何提高，有一点是明显的，即它取决于劳动的组织形式（劳动合作与劳动分工），以及机器和自动化水平（作为我们通常认为的那种技术）”[3]。马克思在这里对资本主义发展的各种典型

1 《马克思恩格斯文集》第 5 卷，人民出版社 2009 年版，第 371 页。

2 同上。

3 ［美］大卫·哈维:《跟大卫·哈维读〈资本论〉》（第一卷），刘英译，上海译文出版社 2014 年版，第 189 页。

特征的深刻剖析，揭示了相对剩余价值生产由简单到复杂的历史过程。

四、剩余价值与资本积累

《资本论》第一卷的末篇，马克思论述了剩余价值转化为资本的积累过程，阐明了资本是怎样从剩余价值中产生的，“第一次指出了资本主义积累史的各个基本特征，并说明了资本主义积累的历史趋势”[1]。在这一篇，我们又回到了起点，只不过此时表现为资本主义财富的数量庞大的商品不仅是简单的“堆积”，而且是永无休止地向活劳动榨取剩余价值的运动的结果，这种运动及其内在矛盾的充分展开最终会导致其自身的灭亡。

（一）资本主义积累的源泉

我们已经指出，资本的预设起点为终点的运动是没有限度的，某个人之所以是资本家，“只是因为他的货币不断地执行资本的职能”[2]。资本主义生产过程的起点是“劳动产品和劳动本身的分离，客观劳动条件和主观劳动力的分离”[3]，也就是价值或货币在资本家手中的集中，而工人除了劳动力之外一无所有。在生产过程的末尾，这个作为起点的东西被再生产出来：一方面，资本家收回自己

1 《马克思恩格斯文集》第6卷，人民出版社2009年版，第22页。
2 《马克思恩格斯文集》第5卷，人民出版社2009年版，第653页。
3 同上书，第658页。

的预付资本，并占有剩余价值；另一方面，工人仍然像进入生产过程时那样走出生产过程，他仅仅获得工资，只够补偿自己在劳动时消耗的体力和脑力，除此之外还是一无所有，在下一个阶段同样需要出卖劳动力。因此，“资本主义生产过程在本身的进行中，再生产出劳动力和劳动条件的分离。这样，它就再生产出剥削工人的条件，并使之永久化。它不断迫使工人为了生活而出卖自己的劳动力，同时不断使资本家能够为了发财致富而购买劳动力”[1]。它“不仅生产商品，不仅生产剩余价值，而且还生产和再生产资本关系本身：一方面是资本家，另一方面是雇佣工人”[2]。

如果资本家把剩余价值当作消费基金花费掉，那么，在其他条件不变的情况下，生产将在原有规模上重复进行，是简单再生产；如果“把剩余价值当做资本使用，或者说，把剩余价值再转化为资本”[3]，就叫作资本积累，它是资本以不断扩大的规模进行的再生产。

资本积累和扩大再生产是资本主义的常态与必然趋势，资产阶级时期的历史使命就是“为积累而积累，为生产而生产”[4]。资本家作为人格化的资本，具有绝对的致富欲和积累欲，他追求的不是使用价值和享乐，而是交换价值及其增殖，只不过“在货币贮藏者那里表现为个人的狂热的事情，在资本家那里却表现为社会机制的作用，而资本家不过是这个社会机制中的一个主动轮罢了”[5]。随着资本主义生产的发展，投入资本有不断增长的必要，为了在市场上立

1 《马克思恩格斯文集》第 5 卷，人民出版社 2009 年版，第 665—666 页。
2 同上书，第 666—667 页。
3 同上书，第 668 页。
4 同上书，第 686 页。
5 同上书，第 683 页。

足，资本家不得不通过“不断扩大自己的资本来维持自己的资本，而他扩大资本只能靠累进的积累”[1]，此时“竞争使资本主义生产方式的内在规律作为外在的强制规律支配着每一个资本家”[2]。剩余价值量一定，积累量取决于剩余价值分割为资本和收入的比例；当后者不变时，积累量就取决于剩余价值的绝对量，凡是能够影响剩余价值量的因素，都会影响积累的规模，如劳动力的剥削程度、劳动生产力、所用资本和所费资本之间的差额以及预付资本量，等等。

工业革命创造出巨大的生产力。资本主义的发展推动西方列强向世界急剧扩张。图为19世纪30年代停泊在珠江口外伶仃洋的英商鸦片运输船　海峰/供图↑

1 《马克思恩格斯文集》第5卷，人民出版社2009年版，第683页。

2 同上。

需要强调的是，资本家的积累与挥霍是并行不悖的，因为“资本家财富的增长，不是像货币贮藏者那样同自己的个人劳动和个人消费的节约成比例，而是同他榨取别人的劳动力的程度和强使工人放弃一切生活享受的程度成比例的……在它的背后总是隐藏着最肮脏的贪欲和最小心的盘算；但是资本家的挥霍仍然和积累一同增加，一方决不会妨害另一方”[1]。

（二）资本主义积累的一般规律

在积累过程中，资本的构成及其变化对工人阶级的命运将产生深远影响。通过运用资本的有机构成理论，马克思揭示了由资本积累引起的财富积累和贫困积累之间内在的必然的联系。马克思认为，资本的构成要从双重意义上来理解。从物质方面来看，一定的生产技术和劳动生产力水平要求生产资料与劳动力之间保持恰当的比例，“这种构成是由所使用的生产资料量和为使用这些生产资料而必需的劳动量之间的比例来决定的……叫做资本的技术构成”[2]；从价值形式来看，不变资本和可变资本的比例，或者说生产资料价值和劳动力价值的比例，则叫作“资本的价值构成”。技术构成一般会引起价值构成的变化，价值构成变化也会在一定程度上反映技术构成的变化，马克思把“由资本技术构成决定并且反映技术构成变化的资本价值构成，叫做资本的有机构成”[3]。

当资本的有机构成不变时，对劳动力的需求，即表现在可变资

1 《马克思恩格斯文集》第 5 卷，人民出版社 2009 年版，第 685 页。
2 同上书，第 707 页。
3 同上。

本上的部分，会随着积累的增长而增长。不排除这样的情形，对雇佣劳动需求的增长，导致工资的提高，在其他条件不变时，剩余价值也会相应减少，“一旦这种减少达到这样一点，即滋养资本的剩余劳动不再有正常数量的供应时，反作用就会发生：收入中资本化的部分减少，积累削弱，工资的上升运动受到反击”[1]，因为“资本主义积累的本性，决不允许劳动剥削程度的任何降低或劳动价格的任何提高有可能严重地危及资本关系的不断再生产和它的规模不断扩大的再生产”[2]。

现实的积累过程不会是资本的有机构成不变的积累过程。在讨论超额剩余价值和相对剩余价值生产时，我们已经知道，由于主观致富欲和竞争的强制作用，“在正常的积累进程中形成的追加资本，主要是充当利用新发明和新发现的手段，总之，是充当利用工业改良的手段。但是，随着时间的推移，旧资本总有一天也会从头到尾地更新，会脱皮，并且同样会以技术上更加完善的形态再生出来，在这种形态下，用较少量的劳动就足以推动较多量的机器和原料。由此必然引起对劳动需求的绝对减少”[3]。“但是资本家的挥霍仍然和积累一同增加，一方决不会妨害另一方。”[4]“在其他条件不变时，商品的便宜取决于劳动生产率，而劳动生产率又取决于生产规模”[5]，在信用杠杆的强力推动下，较大的资本战胜较小的资本，从而引起资本的集中，集中反过来又会加速和扩大资本的更新过程，使对劳

1 《马克思恩格斯文集》第5卷，人民出版社2009年版，第716页。

2 同上。

3 同上书，第724页。

4 同上书，第685页。

5 同上书，第722页。

动力需求的绝对减少更加厉害。

可见，“一方面，在积累进程中形成的追加资本，同它自己的量比较起来，会越来越少地吸引工人。另一方面，周期地按新的构成再生产出来的旧资本，会越来越多地排斥它以前所雇用的工人”[1]，导致“资本主义积累不断地并且同它的能力和规模成比例地生产出相对的，即超过资本增殖的平均需要的，因而是过剩的或追加的工人人口”[2]，后者反过来“在生产出资本积累的同时，也以日益扩大的规模生产出使他们自身成为相对过剩人口的手段。这就是资本主义生产方式所特有的人口规律”[3]。

相对过剩人口在社会上以各种形式存在，比如，时而被排斥时而被吸引的流动的形式、农村农业中潜在的形式、就业极其不规则的停滞的形式，甚至表现为等待救济的赤贫的人口，他们是积累的必然产物，同时又是积累的杠杆。马克思强调，“过剩的工人人口形成一支可供支配的产业后备军，它绝对地从属于资本……不受人口实际增长的限制”[4]，“工人阶级的一部分从事过度劳动迫使它的另一部分无事可做，反过来，它的一部分无事可做迫使它的另一部分从事过度劳动，这成了各个资本家致富的手段，同时又按照与社会积累的增进相适应的规模加速了产业后备军的生产”[5]。

如果说“生产剩余价值或赚钱，是这个生产方式的绝对规律”[6]，

1 《马克思恩格斯文集》第5卷，人民出版社2009年版，第724页。
2 同上书，第726页。
3 同上书，第727—728页。
4 同上书，第728—729页。
5 同上书，第733—734页。
6 同上书，第714页。

知识链接

产业后备军

过剩的工人人口是积累或资本主义基础上的财富发展的必然产物，但是这种过剩人口反过来又成为资本主义积累的杠杆，甚至成为资本主义生产方式存在的一个条件。

那么，在这个规律的作用下，积累日益以扩大的规模进行，资本的有机构成也不断提高，“社会的财富即执行职能的资本越大，它的增长的规模和能力越大，从而无产阶级的绝对数量和他们的劳动生产力越大，产业后备军也就越大。可供支配的劳动力同资本的膨胀力一样，是由同一些原因发展起来的。因此，产业后备军的相对量和财富的力量一同增长。但是同现役劳动军相比，这种后备军越大，常备的过剩人口也就越多，他们的贫困同他们所受的劳动折磨成反比。最后，工人阶级中贫苦阶层和产业后备军越大，官方认为需要救济的贫民也就越多。这就是资本主义积累的绝对的、一般的规律”[1]。

1 《马克思恩格斯文集》第 5 卷，人民出版社 2009 年版，第 742 页。

（三）资本主义积累的历史趋势

资本主义建立在对直接生产者的剥夺基础之上，原始积累——生产者和生产资料分离的历史过程“是用最残酷无情的野蛮手段，在最下流、最龌龊、最卑鄙和最可恶的贪欲的驱使下完成的”[1]。它意味着“以自己劳动为基础的私有制的解体”[2]，并成为资本主义生产方式的起点和基本条件；“资本主义生产一旦站稳脚跟，它就不仅保持这种分离，而且以不断扩大的规模再生产这种分离”[3]。

然而，随着资本竞争和资本集中的进行，资本家会被资本家自身所打倒、剥夺。马克思预计，“随着这种集中或少数资本家对多数资本家的剥夺，规模不断扩大的劳动过程的协作形式日益发展，科学日益被自觉地应用于技术方面，土地日益被有计划地利用，劳动资料日益转化为只能共同使用的劳动资料，一切生产资料因作为结合的、社会的劳动的生产资料使用而日益节省，各国人民日益被卷入世界市场网，从而资本主义制度日益具有国际的性质”[4]。

在这一过程中，一方面是垄断的扩大和资本巨头的减少，另一方面则是贫困、压迫、奴役、退化和剥削的累积，以及与之相伴随的工人阶级反抗的不断增长。马克思和恩格斯在1848年《共产党宣言》中已经发现，“资产阶级无意中造成而又无力抵抗的工业进步，使工人通过结社而达到的革命联合代替了他们由于竞争而造成

1 《马克思恩格斯文集》第5卷，人民出版社2009年版，第873页。

2 同上书，第872页。

3 同上书，第821—822页。

4 同上书，第874页。

的分散状态。于是，随着大工业的发展，资产阶级赖以生产和占有产品的基础本身也就从它的脚下被挖掉了。它首先生产的是它自身的掘墓人”[1]。最终，“随着那些掠夺和垄断这一转化过程的全部利益的资本巨头不断减少，贫困、压迫、奴役、退化和剥削的程度不断加深，而日益壮大的、由资本主义生产过程本身的机制所训练、联合和组织起来的工人阶级的反抗也不断增长。资本的垄断成了与这种垄断一起并在这种垄断之下繁盛起来的生产方式的桎梏。生产资料的集中和劳动的社会化，达到了同它们的资本主义外壳

西方殖民主义者通过扩张和掠夺积累原始资本，图为被贩卖的非洲黑奴　海峰 / 供图↑

1 《马克思恩格斯文集》第 2 卷，人民出版社 2009 年版，第 43 页。

不能相容的地步。这个外壳就要炸毁了。资本主义私有制的丧钟就要响了。剥夺者就要被剥夺了”[1]。

五、《资本论》第一卷小结

《资本论》第一卷是从资本主义财富的元素形式——商品及其矛盾开始论述的，商品内部使用价值与价值的矛盾对应于生产商品的劳动的二重性，即具体劳动生产使用价值，抽象劳动创造价值。由于分工，商品是由私人劳动生产的，在资本主义条件下，私人劳动的社会性不能被社会自动地和直接地承认，商品需要交换，必须转手，通过等价物来表现自己的价值。交换的扩大最终导致货币的产生，从而把商品自身内部使用价值与价值的矛盾外化为商品与货币的矛盾。因此，货币不是什么神秘的物，它是被商品世界排挤出来、固定充当一般等价物的特殊商品，是金银。

资本是货币羽化而来的，是通过运动能够给资本家带来剩余价值的价值。如果考察资本流通的全过程，就会发现在 G—W…P…W′—G′ 的运动中，第一阶段的买 G—W 和第三阶段的卖 W′—G′ 都是在流通领域完成的，根据价值规律，市场交换遵循等价原则，不会发生价值的任何变化，这就意味着资本生出自己幼仔（G′ > G）的秘密只可能发生在第二阶段，即生产过程，而生产过程的前提是第一阶段购买到的各种生产要素，因此，货币所有者必须在市场上找到这样一种特殊的商品，它的使用能够成为价值的源泉，根

1 《马克思恩格斯文集》第 5 卷，人民出版社 2009 年版，第 874 页。

据劳动价值论原理，这种特殊的商品只能是劳动力商品。

劳动力成为商品是货币转化为资本的前提，但是这一前提不是凭空实现的。在资本主义发展史上，财富的集中和直接劳动者与生产资料的分离过程是用血与火载入人类编年史的，它是资本主义的“前史”。一旦劳动者成为自由的一无所有的工人，他就不得不出卖自己的劳动力来换取必要的生活资料，并受资本家剥削。因此，资本家在第一阶段以工资形式购买的是工人的劳动能力，为了实现价值的增殖，他会利用绝对剩余价值和相对剩余价值生产的各种方法——延长劳动时间、增加劳动强度、提高劳动生产力等，迫使工人在生产过程中不但创造出与工资相对应的等价物，而且创造出被他无偿占有的剩余价值。也就是说，表面上看是拥有特殊技能的工人操作特定设备作用于特定对象从而生产出某一使用价值的劳动过程，实际上是价值的形成和增殖过程。如果我们意识到这一点，就可以在理论上把总工作日分为再生产出工资等价物的必要劳动时间和为资本家生产剩余价值的剩余劳动时间。在资本主义社会，围绕工作日的长短、其在上述两种时间上的划分、工资的多少和最终产品的分配，资产阶级和无产阶级进行了长期而持久的斗争，一切文明国家的工人运动史充分说明了这一点。

资本追求价值增殖的脚步永不会停息，作为资本人格化的资本家在竞争压力和积累贪欲的双重作用下，会不断把货币作为资本以不断增长的规模和更高的效率投入运动过程。剩余价值的资本化就是资本积累，与劳动生产力提高相伴随的，往往是新技术的开发和使用，以及大规模的包含这一技术的投资，从而增加了总资本中不变资本的相对份额；与资本的有机构成提高相对应的资本可变部分的相对减少，周期性地生产出相对过剩人口或产业后备军，他们以流动的、潜在的和停滞的形式存在于资本主义社会当中，成为资本积累的前提条件和有效补充。

但是正如论述商品时已经指出的，商品要卖出去、完成“惊险的跳跃”才能被社会所承认，实现包含其中的价值和剩余价值。而资本主义积累的绝对的、一般的规律却造成财富在一极的积累，贫困、劳动折磨、无知、粗野和道德堕落在另一极的积累，造成日益增长的价值生产与实现的困难，即相对于有支付能力需求的生产过剩。这就是马克思在《资本论》第一卷向我们展现的资本运动图景，如下图所示。这一图景是各种内在规律作用的必然结果，其中的障碍和矛盾在自身范围内无法克服，同时它还日益生产出庞大的无产阶级——自己的掘墓人，因此，马克思断言，“资本主义私有制的丧钟就要响了。剥夺者就要被剥夺了”。

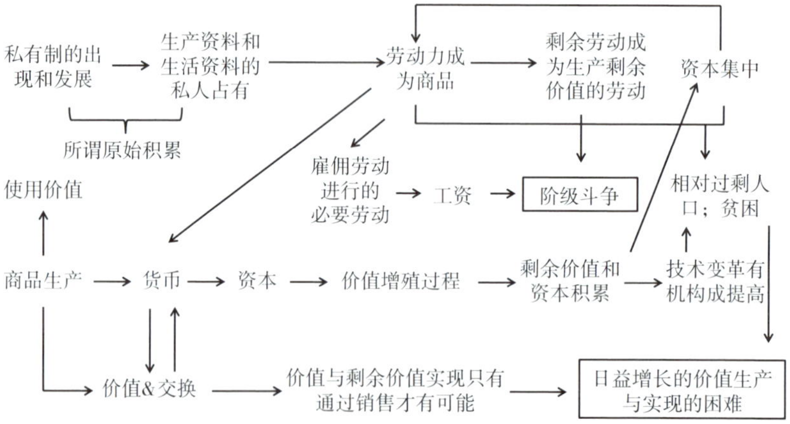

《资本论》第一卷的资本运动图景↑

第三章

《资本论》第二卷导读

一切平衡都是偶然的，各个领域中使用资本的比例固然通过一个经常的过程达到平衡，但是这个过程的经常性本身，正是以它必须经常地、往往是强制地进行平衡的那种经常的比例失调为前提。

《资本论》第二卷是马克思逝世之后，由恩格斯根据马克思遗留下来的手稿编辑而成，于 1885 年 7 月在德国汉堡出版，主要研究资本的流通过程和剩余价值的实现，是一本“理论阐发得确实是精辟高深”[1] 的不朽著作。它不仅是一部难以弄懂的书，而且“是一部被人遗忘的书”[2]，但是如果“低估第二卷在这一不朽理论结构中的关键地位，企图从第一卷直接进入第三卷，那就会产生严重的误解”[3]。

一、《资本论》第二卷的脉络

在《政治经济学批判大纲》中，马克思强调，当我们考察资本的一般概念时，必须将其作为“生产和实现的统一”[4] 来理解，是与各种特定条件（外部条件）联结在一起的过程。正如《资本论》第一卷和第二卷副标题（分别为“资本的生产过程”“资本的流通过程”）所揭示的，第一卷主要关注剩余价值生产的过程，揭示资本主义剥削的秘密，以及由此带来的后果，而把实现过

1 《马克思恩格斯〈资本论〉书信集》，人民出版社 1976 年版，第 465 页。

2 ［比］欧内斯特·孟德尔：《〈资本论〉新英译本导言》，仇启华、杜章智译，中共中央党校出版社 1991 年版，第 75 页。

3 同上。

4 Unity of production and realization，Cf. Karl Marx, *Grundrisse: Foundations of the Critique of Political Economy*, Penguin Books, 1993, p.407.

程中可能出现的问题放在一边。实际上，尽管马克思多次提到商品的“惊险跳跃”有可能失败，但在大多数场合，他假定市场总是存在的，所有商品都按照价值出售。第二卷则“从相反的方向进行说明：假设剩余价值生产领域没有任何困难，而把惊险且不稳定的剩余价值实现过程放到显微镜下分析”[1]。正如马克思在 1868 年 4 月 30 日致恩格斯的信中所阐明的，“在第一册中我们满足于这样一个假设：如果在价值增殖的过程中 100 英镑变成了 110 英镑，那末，后者就会在市场上发现它自己重新转化成的那些要素。但是，现在我们就来研究一下这种发现的条件，即各个资本、资本的各个组成部分和收入（=m）互相之间的社会交错现象”[2]。因此，《资本论》第二卷研究的是资本的流通过程，中心是剩余价值的实现，全书共 3 篇 21 章，主要从微观和宏观两个角度阐明了三大基本原理，如下图所示。

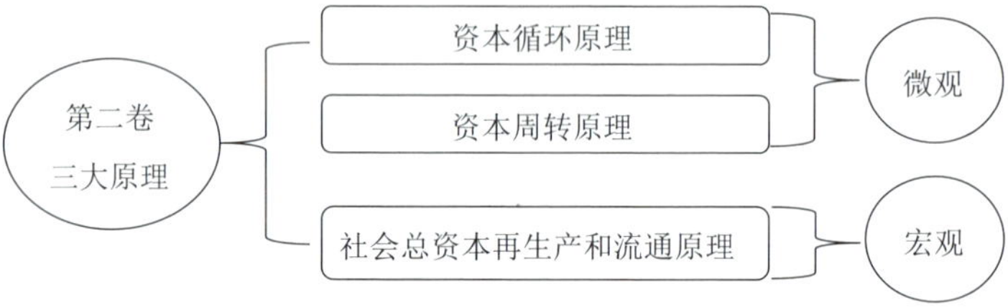

《资本论》第二卷脉络↑

第一篇和第二篇，马克思从微观上考察了单个资本的循环与周

1 ［美］大卫·哈维:《跟大卫·哈维读〈资本论〉》（第二卷），谢富胜、李连波等校译，上海译文出版社 2016 年版，第 1 页。

2 《马克思恩格斯〈资本论〉书信集》，人民出版社 1976 年版，第 265 页。

转。单个资本的循环要顺利进行，必须依次经过购买—生产—出售三个阶段，分别采取货币资本、生产资本和商品资本三种形式。从动态的角度看，资本从一种形式过渡到另一种形式，就会形成一种经过各个不同阶段的循环过程（货币资本循环、生产资本循环和商品资本循环），而产业资本正常运行的条件就是这三种形式的资本在空间上的并存和时间上的继起。资本周转是单个资本周而复始、不断往复的循环过程。由于资本主义生产的目的是榨取剩余价值，因此资本周转的快慢（用资本周转速度或周转时间来衡量）对剩余价值的生产和实现有很大影响，在付出同样多预付资本的情况下，资本周转得越快，一定时期内带来的剩余价值也越多。

在第三篇中，马克思从宏观上分析了社会总资本的再生产和流通。各个单个资本的相互联系与相互交错形成社会总资本。社会总产品从价值方面来看，由不变资本 c、可变资本 v 和剩余价值 m 组成；从物质方面来看，又可以分为生产资料和消费资料。社会总资本再生产，无论是简单再生产，还是扩大再生产，其核心问题就是两大部类在价值和实物两种形式上的补偿和替换。换句话说，马克思对社会总资本再生产的分析表明，社会总产品能否全部实现，社会总资本能否顺利循环与积累，归根到底取决于各生产部门是否按照社会需要的客观比例进行生产和交换，而在资本主义生产方式下，这是无法做到的，从而导致“比例失调”的危机。

二、资本循环原理

《资本论》第二卷第一篇研究了产业资本循环时的形态变化、

循环的三种形式，以及循环过程中产生的流通时间和流通费用等，重点把握资本正常循环所需要的条件——资本的三种形式在空间上并存、时间上继起，以及资本循环连续性遇到的不可避免的障碍。

知识链接

流通时间

资本是按照时间顺序通过生产领域和流通领域两个阶段完成运动的。资本在生产领域停留的时间是它的生产时间，资本在流通领域停留的时间是它的流通时间。资本完成它的循环的全部时间，等于生产时间和流通时间之和。

流通费用

用于流通领域并为商品流通服务的各项费用，就是流通费用。流通费用分为两种：一种是由价值的单纯形式变换产生的流通费用，不加入商品价值，称为纯粹流通费用，如用在商品买卖、簿记上的各种费用，用于维持货币流通的开支；另一种是起创造价值作用的生产性流通费用，如保管费用、运输费用。

（一）资本循环与形态变化

根据《资本论》第一卷的叙述，资本的循环过程将依次经过三个阶段——购买—生产—出售，同时，资本随之采取三种形态——货币资本—生产资本—商品资本，如下图所示。

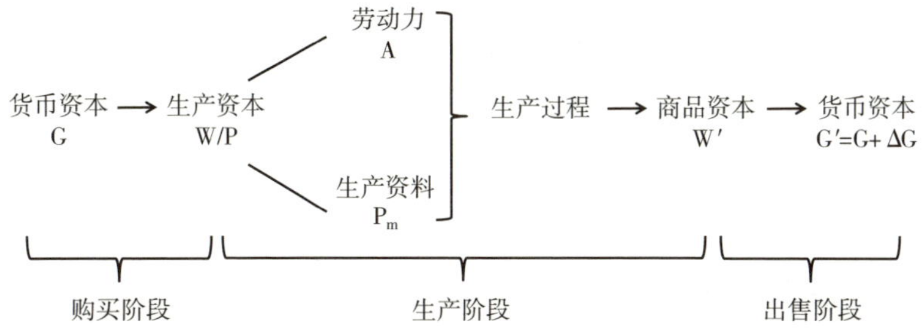

资本的循环过程↑

马克思把“货币状态或货币形式的资本价值”[1]称为货币资本，用 G 表示；把处于具有创造价值和剩余价值能力形态（即生产资料和劳动力）的资本价值称为生产资本，用 P 表示；把处于商品形式但作为直接生产过程结果已经增殖的资本价值称为商品资本，用 W′ 表示。其中，“G 和 P 是同一个资本价值，只是处在不同的存在方式上”[2]。于是，货币资本循环的公式就可以表示为 G—W…P…W′—G′，在这个公式中，虚线表示流通过程的中断，W′ 和 G′ 表示已经包含剩余价值的 W 和 G，如上所述，资本的这个运动

1 《马克思恩格斯文集》第 6 卷，人民出版社 2009 年版，第 34 页。

2 同上。

包含三个阶段：

第一阶段，购买阶段，G—W。资本家作为买者用他手中处于货币形式的资本（G），在商品市场上购买原料、燃料、机器设备等生产资料（Pm），并在劳动市场上购买劳动力（A），此时“作为货币资本，资本处在能够执行货币职能的状态中”[1]。马克思强调，“资本主义的商品生产——无论是社会地考察还是个别地考察——，要求货币形式的资本或货币资本作为每一个新开办的企业的第一推动力和持续的动力”[2]；生产的技术特征要求生产资料和劳动力之间必须保持恰当比例，“要购买的生产资料的数量和规模，必须足以使这个劳动量得到充分的利用……这种量的关系一开始就是由一定数量的工人所要耗费的超额即剩余劳动的量决定的”[3]。

G—A 一般被看作资本主义生产方式和货币经济的特征，一方面，“劳动是以工资的形式用货币购买的”[4]；另一方面，“资本家和雇佣工人的阶级关系，当他们在 G—A（从工人方面看是 A—G）行为中互相对立时，就已经存在了，就已经作为前提肯定了。这是买和卖，是货币关系，但这种买和卖的前提是：买者是资本家，卖者是雇佣工人。而这种关系所以会发生，是因为劳动力实现的条件——生活资料和生产资料——已经作为他人的财产而和劳动力的占有者相分离了”[5]。换句话说，购买行为基于生产要素本身的分配，“其中物的因素集中在一方，劳动力则与物的因素相分离，处在另

1 《马克思恩格斯文集》第 6 卷，人民出版社 2009 年版，第 35 页。
2 同上书，第 393 页。
3 同上书，第 33 页。
4 同上书，第 36 页。
5 同上书，第 38 页。

一方”[1]，并由此决定了生产成果和消费资料的分配，因为“消费资料的任何一种分配，都不过是生产条件本身分配的结果；而生产条件的分配，则表现生产方式本身的性质”[2]。

第二阶段，生产阶段，G–W…P。一旦购买完成，进入生产阶段，资本价值也从货币形式转化为实物形式，即从货币资本（G）转化为生产资本（P）。“生产资本在执行职能时，消耗它自己的组成部分，使它们转化为一个具有更高价值的产品量”[3]，这是因为作为生产资本一个器官发生作用的劳动力 A，为资本家创造了剩余价值。而产品（商品），“作为直接由生产过程本身产生的已经增殖的资本价值的职能存在形式，就成了商品资本”[4]。

第三阶段，出售阶段，W′—G′。资本在商品形式上必须执行商品的职能，必须卖掉，转化为更多的货币（G′ =G+ΔG），才能实现包含其中的价值和剩余价值。作为商品资本，它“在整个循环过程中具有与众不同的重要地位，即作为商品中蕴含的剩余价值向货币形式转换的转换器”[5]。“商品爱货币，但是‘真爱情的道路决不是平坦的’”[6]，如果 W′ 卖不掉，资本的再生产运动就会中断;如果卖少了，就有可能无法补偿预付的资本价值；甚至“由于资本抛弃它的商品形式和采取它的货币形式的速度不同，或者说，由于卖的速度不同，同一个资本价值就会以极不相同的程度作为产品形成要

1 《马克思恩格斯文集》第 6 卷，人民出版社 2009 年版，第 40 页。

2 《马克思恩格斯文集》第 3 卷，人民出版社 2009 年版，第 436 页。

3 《马克思恩格斯文集》第 6 卷，人民出版社 2009 年版，第 45 页。

4 同上。

5 ［美］大卫・哈维:《跟大卫・哈维读〈资本论〉》（第二卷），谢富胜、李连波等校译，上海译文出版社 2016 年版，第 47 页。

6 《马克思恩格斯文集》第 5 卷，人民出版社 2009 年版，第 129 页。

素和价值形成要素起作用，再生产的规模也会以极不相同的程度扩大或者缩小”[1]。因此，马克思强调，“商品价值从商品体跳到金体上……是商品的惊险的跳跃。这个跳跃如果不成功，摔坏的不是商品，但一定是商品占有者”[2]。

在上述总运动中，“资本表现为这样一个价值，它经过一系列互相联系的、互为条件的转化，经过一系列的形态变化，而这些形态变化也就形成总过程的一系列阶段。在这些阶段中，两个属于流通领域，一个属于生产领域。在每个这样的阶段中，资本价值都处在和不同的特殊职能相适应的不同形态上。在这个运动中，预付的价值不仅保存了，而且增长了，它的量增加了。最后，在终结阶段，它回到总过程开始时它原有的形式。因此，这个总过程是循环过程”[3]。其中，资本价值在流通阶段分别采取货币资本的形式 G 和商品资本的形式 W′，在生产阶段采取生产资本的形式 P，马克思把“在总循环过程中采取而又抛弃这些形式并在每一个形式中执行相应职能的资本”[4]称为产业资本。与《资本论》第三卷将要研究的商业资本、银行资本等形式相比，“产业资本是唯一的这样一种资本存在方式，在这种存在方式中，资本的职能不仅是占有剩余价值或剩余产品，而且同时是创造剩余价值或剩余产品。因此，产业资本决定了生产的资本主义性质；产业资本的存在，包含着资本家和雇佣工人之间的阶级对立的存在”[5]。

1 《马克思恩格斯文集》第 6 卷，人民出版社 2009 年版，第 48 页。
2 《马克思恩格斯文集》第 5 卷，人民出版社 2009 年版，第 127 页。
3 《马克思恩格斯文集》第 6 卷，人民出版社 2009 年版，第 60 页。
4 同上书，第 63 页。
5 同上书，第 66 页。

（二）资本循环的三种形式

在资本的连续运动中，生产资本和商品资本也都会回到自己原来的形态上，于是我们可以得到资本循环的三种不同形式，这三种形式从不同角度揭示了资本运动的特征和规律，如下图所示。

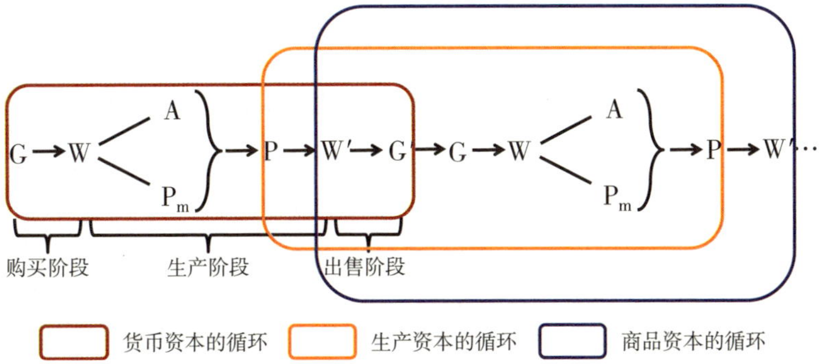

资本循环的三种形式↑

1. 货币资本的循环

上文的分析，循环的开始形式和终结形式都是货币资本（G），因此叫作货币资本的循环，可以表示为G—W…P…W′—G′。它清楚地表明，价值增殖、赚钱和积累是产业资本的目的和动机，生产过程“只是预付价值增殖的手段，也就是说，发财致富本身才是生产的自身目的”[1]，它“只是为了赚钱而不可缺少的中间环节，只是为了赚钱而必须干的倒霉事。〔因此，一切资本主义生产方式的国家，都周期地患一种狂想病，企图不用生产过程作中介而赚

…

1 《马克思恩格斯文集》第6卷，人民出版社2009年版，第68页。

到钱〕”[1]。

在资本主义的发展历史上，这一狂想病确实周期性地表现出来，与这一过程相伴随的，则是物质扩张转向金融扩张以及世界体系积累中心的转移。马克思发现，“由于没落的威尼斯以巨额货币贷给荷兰，威尼斯的劫掠制度的卑鄙行径就成为荷兰资本财富的这种隐蔽的基础。荷兰和英国的关系也是这样。在18世纪初，荷兰的工场手工业已经远远落后了，荷兰已不再是一个占统治地位的工商业国家。因此，荷兰在1701—1776年时期的主要营业之一就是贷放巨额资本，特别是贷给它的强大竞争者英国。现在英国和美国之间也有类似的情形。今天出现在美国的许多身世不明的资本，仅仅在昨天还是英国的资本化了的儿童血液”[2]。如果上述转向和转移可以视为从长周期中得出的经验规律，比如，意大利经济学家杰奥瓦尼·阿瑞基也观察到，资本主义历史上的每一个体系积累周期都兴起于物质扩张，终结于金融扩张，金融扩张标志着资本主义主要发展阶段的“秋天”[3]，那么，20世纪70年代以来美国的金融膨胀及其危机则为正处于物质扩张阶段的亚洲国家打开了赶超的机会之窗。

货币资本的循环还表明，“资本主义生产过程都受流通、商业制约”[4]，循环的第一个阶段G—W是生产过程的准备阶段，以在市场上买到合适的生产资料和劳动力为前提，它的第三个阶段W′—G′是商品实现惊险跳跃的阶段，同样以流通的顺利完成为条件。

1 《马克思恩格斯文集》第6卷，人民出版社2009年版，第67—68页。

2 《马克思恩格斯文集》第5卷，人民出版社2009年版，第866页。

3 参见［意］杰奥瓦尼·阿瑞基:《漫长的20世纪》，姚乃强等译，江苏人民出版社2011版。

4 《马克思恩格斯文集》第6卷，人民出版社2009年版，第70页。

马克思还指出，以货币资本循环表示的产业资本运动在其实现形式上具有多样性，“G…G′ 可以是一个资本的最初循环；它可以是最终循环；它可以看做是社会总资本的形式；它是新投入的资本的形式，不论是以货币形式新积累的资本，还是为了由一个生产部门转移到另一生产部门而全部转化为货币的旧资本”[1]。可见，资本循环图式不仅适用于单个资本的运动，而且可以扩展至全部资本，通过加总单个企业的会计表格，就可以得到并分析资本的三种形态在社会总资本意义上的数量关系和比例关系。

2. 生产资本的循环

生产资本循环的公式是 P…W′—G′—W…P，它表示“生产资本职能的周期更新，也就是表示再生产，或者说，表示资本的生产过程是增殖价值的再生产过程；它不仅表示剩余价值的生产，而且表示剩余价值的周期再生产；它表示，处在生产形式上的产业资本不是执行一次职能，而是周期反复地执行职能”[2]。此时，流通过程的全部运动“只是作为始极使循环开始的生产资本，和作为终极以同一形式即以循环重新开始的形式使循环结束的生产资本这二者之间的中断，从而只是二者之间的中介。真正的流通，只是表现为周期更新的和通过更新而连续进行的再生产的中介”[3]。

货币资本表现为劳动再生产的产物。生产过程的产物是 W′，出售之后转化为货币 G′，它又重新作为货币资本 G 出现在市场上购买生产资料和劳动力，更新原有的生产过程。可见，对预付在工资上的资本 A 来说，它实际上是工人过去劳动的货币形式，“同时

1 《马克思恩格斯文集》第 6 卷，人民出版社 2009 年版，第 71 页。

2 同上书，第 75 页。

3 同上书，第 76 页。

还是取得正在实现的同时劳动或将来实现的未来劳动的凭证……资本家用工人过去劳动的一部分，作为工人取得自己未来劳动的凭证付给工人”[1]。

撇开价值规定不说，流通过程“W—G—W 这样一个交换，要求 W 和商品量 W′ 的各种生产要素相等，并要求这些生产要素互相之间维持原有的价值比例；这就是假定，商品不仅按照它们的价值购买，而且在循环中不发生价值变动；不然的话，过程就不能正常进行”[2]，“但是生产资料的价值实际上是会变动的；劳动生产率的不断变动是资本主义生产的特征，因此，价值比例的不断变动，正好是资本主义生产的固有现象”[3]。此外，“W′ 一旦卖出，转化为货币，就可以再转化为劳动过程的从而再生产过程的各种现实因素。因此，W′ 是由最后的消费者购买，还是由想转卖的商人购买，这都没有什么直接的影响”[4]。这意味着“在一定的界限内，尽管再生产过程生产出的商品还没有实际进入个人消费或生产消费，再生产过程还可以按相同的或扩大的规模进行”[5]，“这时，商品的潮流一浪一浪涌来，最后终于发现，以前涌入的潮流只是表面上被消费吞没。商品资本在市场上互相争夺位置……于是危机爆发了。它不是表现在消费需求，即个人消费需求的直接缩减上，而是表现在资本对资本的交换，即资本再生产过程的缩减上”[6]。在《资本论》第三卷分析商业资本时，我们还会回到这种形式的危机上来。

1 《马克思恩格斯文集》第 6 卷，人民出版社 2009 年版，第 84 页。
2 同上书，第 85—86 页。
3 同上书，第 85 页。
4 同上书，第 88 页。
5 同上。
6 同上书，第 89 页。

3. 商品资本的循环

商品资本循环的总公式是 W′—G′—W…P…W′，它“不是以资本价值开始，而是以商品形式上增大了的资本价值开始，因而它一开始就不仅包含存在于商品形式中的资本价值的循环，而且包含剩余价值的循环”[1]。

在资本的这种循环形式上，我们将面临资本家之间，以及资本家与工人之间的相互关系，同时它还促使我们考察整个经济中价值和使用价值的总流动（数量和比例问题）。因为“在 W′…W′ 形式中，全部商品产品的消费是资本本身循环正常进行的条件”[2]，而全部商品产品的消费，既包括工人和资本家的个人消费，也包括生产消费——耗费的生产资料的补偿，这就要求我们“不仅把它看做循环的一般形式，即能够用来考察每一个单个产业资本（第一次投资的场合除外）的社会形式，因而不仅看做一切单个产业资本共有的运动形式，而且同时看做各单个资本的总和即资本家阶级的总资本的运动形式，在这个运动中，每一个单个产业资本的运动，都只表现为一个部分运动，和其他部分运动交织在一起，并且受它们制约”[3]。

（三）资本连续循环的条件

资本循环过程包含着流动性与固定性的矛盾。为了实现价值增殖，资本必须依次采取货币资本、生产资本、商品资本三种形式，

1 《马克思恩格斯文集》第 6 卷，人民出版社 2009 年版，第 102 页。

2 同上书，第 108 页。

3 同上书，第 112 页。

经过购买、生产、销售三个阶段，在最终完成惊险跳跃之后，获得价值补偿和利润。马克思强调，“资本的循环，只有不停顿地从一个阶段转入另一个阶段，才能正常进行。如果资本在第一阶段G—W停顿下来，货币资本就会凝结为贮藏货币；如果资本在生产阶段停顿下来，一方面生产资料就会搁置不起作用，另一方面劳动力就会处于失业状态；如果资本在最后阶段W′—G′停顿下来，卖不出去而堆积起来的商品就会把流通的流阻塞”[1]。也就是说，资本的日常运动充斥着各种危机的可能性，资本价值在任一时点以任何形式的停顿都会造成再生产的困难。

然而，具有悖论意味的是，由于准备金、生产技术、固定资本等因素的制约，“循环本身又要求资本在各个循环阶段中在一定的时间内固定下来。在每一个阶段中，产业资本都被束缚在一定的形式上：货币资本，生产资本，商品资本。产业资本只有在完成一种和它当时的形式相适应的职能之后，才取得可以进入一个新的转化阶段的形式”[2]。这意味着，资本不可能平稳、持续地通过循环，必然要经历一些停顿，这些停顿及其对资本持续循环的阻碍，在我们考察固定资本周转时尤为重要。

总之，“连续性是资本主义生产的特征”[3]，“产业资本的连续进行的现实循环，不仅是流通过程和生产过程的统一，而且是它的所有三个循环的统一”[4]，即“任何一个单个产业资本都是同时处在所有这三种循环中。这三种循环，三种资本形态的这些再生产形式，是连

1 《马克思恩格斯文集》第6卷，人民出版社2009年版，第63页。
2 同上书，第63页。
3 同上书，第118页。
4 同上书，第119页。

续地并列进行的"[1]。由此我们可以得出资本连续循环的内在条件：资本的三个阶段和三种职能形式在空间上并列存在，在时间上相继转化。但是"这种连续性并不总是可以无条件地达到的"[2]，资本"在一个阶段上的任何停滞，不仅会使这个停滞的资本部分的总循环，而且会使整个单个资本的总循环发生或大或小的停滞"[3]。著名马克思主义理论家欧内斯特·孟德尔认为，"第二卷最重要和最光辉的篇章之一是下列部分，其中反复强调三种资本形态再生产的间断性，以及这种间断性与资本主义生产方式本质之间的有机联系"[4]。

三、资本周转原理

《资本论》第二卷第二篇研究了资本周转，"资本的循环，不是当做孤立的过程，而是当做周期性的过程时，叫做资本的周转"[5]。马克思用周转时间"计量总资本价值从一个循环周期到下一个循环周期的那段时间，计量资本生活过程经历的周期，或者说，计量同一资本价值的增殖过程或生产过程更新、重复的时间"[6]，用 u 表示；用 n 表示一定时期内（一年 U）资本的周转次数，那么，n=U/u，它们都是衡量资本周转速度的指标。研究资本周转，中心问题是其

1 《马克思恩格斯文集》第 6 卷，人民出版社 2009 年版，第 117 页。
2 同上书，第 118 页。
3 同上书，第 120 页。
4 ［比］欧内斯特·孟德尔:《〈资本论〉新英译本导言》，仇启华、杜章智译，中共中央党校出版社 1991 年版，第 81—82 页。
5 《马克思恩格斯文集》第 6 卷，人民出版社 2009 年版，第 174 页。
6 同上。

对生产过程和价值增殖过程的影响。

（一）固定资本和流动资本的划分

不变资本的一部分，在一个或短或长的期间内，在不断反复的劳动过程中，保持着进入生产过程时的一定的使用形式。也就是说，“这个资本部分不是在它的使用形式上进行流通，进行流通的只是它的价值，并且这种流通是逐步地、一部分一部分地进行的，和从它那里转移到作为商品进行流通的产品中去的价值相一致”[1]，直到价值转移殆尽、由同一种新的物品来替换。由于这种特性，这部分不变资本取得了固定资本的形式，比如，厂房、机器、铁路等。

在生产过程中预付的资本的其他一切物质组成部分，如原料、辅助材料等，以及投在劳动力商品上的部分，它们的价值在生产过程中全部加入产品，通过产品的出售又全部从流通中收回，并且能够重新预付，由于它们在周转上的这种共同特性，马克思把“生产资本的这两个组成部分——投在劳动力上的价值部分和投在形成非固定资本的生产资料上的价值部分”[2]，称为流动资本。

从上述定义可以看出，“固定资本和流动资本的形式规定性之所以产生，只是由于在生产过程中执行职能的资本价值或生产资本有不同的周转”[3]，显而易见的是，“固定资本组成部分的周转，从而它的必要的周转时间，包括流动资本组成部分的多次周转……它的

1 《马克思恩格斯文集》第 6 卷，人民出版社 2009 年版，第 177 页。
2 同上书，第 184—185 页。
3 同上书，第 186 页。

价值的一部分必须仍旧束缚在继续保存下来的旧的使用形式上；另一部分则被完成的产品带入流通，而完成的产品的流通，却同时会把流动资本组成部分的全部价值带入流通”[1]。

预付资本的总周转，“是它的不同组成部分的平均周转”[2]，因此它的周转次数 n=1 年内固定资本的周转额 + 流动资本的周转额 / 预付总资本额。举例来说，假定固定资本 =80000 镑，折旧期 =10 年，每年回收 8000 镑，周转 1/10 次；流动资本 =20000 镑，每年周转 5 次，年周转额 =20000 × 5=10 万镑，那么，预付总资本 =80000+20000=10 万镑，1 年内总周转额 =8000+100000=10.8 万镑，总资本周转速度（周转次数 n）=10.8 万 /10 万 =1.08 次。可见，在资本总量一定的前提下，固定资本占比越大，流动资本占比越小，预付总资本周转越慢，反之则固定资本占比越小，流动资本占比越大，预付总资本周转越快。而生产资本中固定资本和流动资本的比例，往往取决于生产的技术条件。

固定资本的价值在运动中获得双重存在，“一部分仍然束缚在它的属于生产过程的使用形式或实物形式上，另一部分则作为货币，脱离这个形式”[3]，它的问题在于“资本是运动中的价值，而固定资本是固定的……固定资本一直是永远对立的资本——劳动关系之外的一个常见的危机来源”[4]。

固定资本的使用本身或自然力的侵蚀会造成磨损，是“固定资

1 《马克思恩格斯文集》第 6 卷，人民出版社 2009 年版，第 187 页。

2 同上书，第 204 页。

3 同上书，第 182 页。

4 ［美］大卫·哈维:《跟大卫·哈维读〈资本论〉》（第二卷），谢富胜、李连波等校译，上海译文出版社 2016 年版，第 113 页。

本被消耗而逐渐转移到产品中去的价值部分。这种转移是按照固定资本丧失使用价值的平均程度进行的”[1]，称为有形损耗。由于“科学、巨大的自然力、社会的群众性劳动都体现在机器体系中”[2]，因此“社会的生产力是用固定资本来衡量的，它以物的形式存在于固定资本中”[3]。这就造成一个矛盾，“一方面，大量固定资本投在一定的实物形式上，并且必须在这个形式上达到一定的平均寿命，这一点就成了只能逐渐采用新机器等等的一个原因，从而就成了迅速普遍采用改良的劳动资料的一个障碍。另一方面，竞争斗争，特别是在发生决定性变革的时候，又迫使旧的劳动资料在它们的自然寿命完结之前，用新的劳动资料来替换。迫使企业设备提前按照更大的社会规模实行更新的，主要是大灾难即危机”[4]。

（二）周转时间的构成及长短

资本的生产时间和流通时间之和，形成资本的周转时间，如下图所示。

生产时间是资本束缚在生产领域的时间，它“由两个期间构成：第一个期间，资本处在劳动过程中；第二个期间，资本的存在形式——未完成的产品的形式——不是处在劳动过程中，而是受自然过程的支配”[5]。“不管生产时间超过劳动时间的原因是什么——

1 《马克思恩格斯文集》第 6 卷，人民出版社 2009 年版，第 191 页。
2 《马克思恩格斯文集》第 5 卷，人民出版社 2009 年版，第 487 页。
3 《马克思恩格斯全集》第 31 卷，人民出版社 1998 年版，第 93 页。
4 《马克思恩格斯文集》第 6 卷，人民出版社 2009 年版，第 190—191 页。
5 同上书，第 267 页。

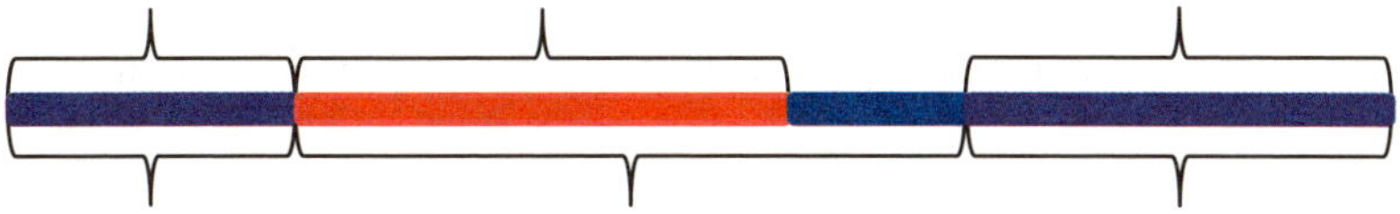

资本的周转时间↑

或者是各种生产资料只形成潜在的生产资本，就是说还处在现实生产过程的预备阶段；或者是它们本身的职能在生产过程中因生产过程休止而中断；最后，或者是生产过程本身造成劳动过程的中断，——无论在哪一种情况下，生产资料都不起劳动吸收器的作用。它们不吸收劳动，也就不吸收剩余劳动”[1]，因此“资本主义生产的趋势，是尽可能缩短生产时间超过劳动时间的部分”[2]。

流通时间是资本停留在流通领域的时间，包括购买时间和出售时间。在流通领域，资本作为货币资本和商品资本而存在，它要么由货币形式转化为商品形式——买，要么由商品形式转化为货币形式——卖。“流通时间和生产时间是互相排斥的。资本在流通时间内不是执行生产资本的职能，因此既不生产商品，也不生产剩余价值”[3]，“流通时间的延长和缩短，对于生产时间的缩短或延长，或者说，对于一定量资本作为生产资本执行职能的规模的缩小或扩大，起了一种消极限制的作用。资本在流通中的形态变化越成为仅仅观念上的现象，也就是说，流通时间越等于零或近于零，资本的职能

1 《马克思恩格斯文集》第6卷，人民出版社2009年版，第140—141页。

2 同上书，第141页。

3 同上。

就越大，资本的生产效率就越高，它的自行增殖就越大”[1]。

资本“周转时间或它的两个部分（生产时间和流通时间）中的任何一个部分的缩短，都会增加所生产的剩余价值量”[2]，因为资本的可变部分由此提高了效率。从劳动期间和生产时间来看，劳动期间或生产时间越长，资本回流以及剩余价值通过最终产品的销售而实现前，所需的预付流动资本就越多，这将成为资本家的沉重负担。“缩短生产时间的主要方法是提高劳动生产率，这就是人们通常所说的工业进步”[3]，但是如果它同时造成昂贵机器设备的大量投资，固定资本占比的显著上升，则又会反过来降低资本的周转速度，从而降低利润率本身。

从流通时间来看，“流通时间只有从它是利用劳动时间方面的自然限制这一点来说，才决定价值”[4]。马克思认为，“缩短流通时间的主要方法是改进交通”[5]，比如，他那个时代铁路、轮船交通和电报网的普及，使“全世界贸易的周转时间，都已经按相同的程度缩短，参加世界贸易的资本的活动能力，已经增加到两倍或三倍多”[6]。“在运输工具发展的同时，不仅空间运动的速度加快了，而且空间距离在时间上也缩短了。”[7]由于“流通时间表现为劳动生产率的限制 = 必要劳动时间的增加 = 剩余劳动时间的减少 = 剩余价值的减少 = 资本价值自行增殖过程的障碍或限制。因此，资本一方面要

1 《马克思恩格斯文集》第 6 卷，人民出版社 2009 年版，第 142 页。
2 《马克思恩格斯文集》第 7 卷，人民出版社 2009 年版，第 83 页。
3 同上书，第 83—84 页。
4 《马克思恩格斯全集》第 30 卷，人民出版社 1995 年版，第 538 页。
5 《马克思恩格斯文集》第 7 卷，人民出版社 2009 年版，第 84 页。
6 同上。
7 《马克思恩格斯文集》第 6 卷，人民出版社 2009 年版，第 278 页。

力求摧毁交往即交换的一切地方限制，征服整个地球作为它的市场，另一方面，它又力求用时间去消灭空间，就是说，把商品从一个地方转移到另一个地方所花费的时间缩减到最低限度”[1]。“随着资本主义生产的进步，交通运输工具的发展会缩短一定量商品的流通时间，那么反过来说，这种进步以及由于交通运输工具发展而提供的可能性，又引起了开拓越来越远的市场，简言之，开拓世界市场的必要性。”[2]

交通的发展大大缩短了商品的流通时间，推动了资本的扩张。图为欧洲早期的火车　文化传播 / 供图↑

更重要的是，“随着交通运输工具的变化，旧的生产中心衰落了，新的生产中心兴起了”[3]。大卫·哈维强调，交通运输工具的创新和投资持久地变革着资本创造的地理景观，那些被嵌入土地上的固定资本价值，会

1 《马克思恩格斯全集》第 30 卷，人民出版社 1995 年版，第 538 页。

2 《马克思恩格斯文集》第 6 卷，人民出版社 2009 年版，第 279 页。

3 同上书，第 277 页。

由于新的通信线路和运输设施的建设而增值或贬值，这些固定资本价值所面临的重估或贬值威胁，是资本主义历史中不稳定性的重要来源。此外，马克思还分析了生产者为了接近生产资料、劳动力供给以及最终市场而进行的位置转移，等等。从这些深刻洞见出发，我们可以考察资本运动对时间—空间的影响及其危机。

（三）研究周转速度的意义

资本主义生产的决定性目的是预付资本的增殖，在一定时期内，资本周转的快慢，对价值增殖的过程和程度有深远影响。

对单个资本来说，一方面，“在生产规模已定时，预付的可变货币资本（以及全部流动资本）的绝对量，按照周转期间缩短的比例而减少，年剩余价值率则按照这个比例而提高”[1]。显而易见的是，劳动期间越长从而周转时间越长，商品完成前所需要预付的流动资本就越多；对那些需要在较长时间内大量投资的企业，如筑路等，要么由国家出资兴办，要么依靠信用制度。另一方面，“在预付资本的量已定时，生产规模会随着再生产期间的缩短所造成的年剩余价值率的提高而同时扩大，因而，在剩余价值率已定时，一个周转期间内生产的剩余价值的绝对量，会随着年剩余价值率的这种提高而同时增加”[2]。“在资本百分比构成相等，剩余价值率相等，工作日相等的时候，两个资本的利润率和它们的周转时间成反比。”[3]

1 《马克思恩格斯文集》第 6 卷，人民出版社 2009 年版，第 348 页。
2 同上。
3 《马克思恩格斯文集》第 7 卷，人民出版社 2009 年版，第 85 页。

就社会生产而言，一方面，周转时间的延长要求产业和金融之间的密切联系。“历时较长范围较广的事业，要求为较长的时间预付较大量的货币资本。所以，这一类领域里的生产取决于单个资本家拥有的货币资本的界限。这个限制被信用制度和与此相连的联合经营（例如股份公司）打破了。因此，货币市场的混乱会使这类企业陷于停顿，而这类企业反过来也会引起货币市场的混乱。”[1]另一方面，周转时间的差异要求不同产业之间保持适当的比例。“有些事业在较长时间内取走劳动力和生产资料，而在这个时间内不提供任何有效用的产品；而另一些生产部门不仅在一年间不断地或者多次地取走劳动力和生产资料，而且也提供生活资料和生产资料。在社会的生产的基础上，必须确定前者按什么规模进行，才不致有损于后者。”[2]

四、社会总资本再生产和流通原理

单个资本的运动只是社会总资本中的一个独立部分，与前两篇不同，马克思在《资本论》第二卷第三篇研究了社会总资本的再生产和流通。“各个单个资本的循环是互相交错的，是互为前提、互为条件的，而且正是在这种交错中形成社会总资本的运动。”[3]马克思要阐明的，正是资本主义再生产就整体而言不断反复进行的条件

1 《马克思恩格斯文集》第6卷，人民出版社2009年版，第396页。

2 同上书，第396—397页。

3 同上书，第392页。

和形式。正如列宁所说的，“马克思在《资本论》第 2 卷中对社会总资本的再生产的分析，也是极其重要和新颖的。马克思在这里考察的也不是个别现象，而是普遍现象；不是社会经济的零星部分，而是整个社会经济的总和”[1]。欧内斯特·孟德尔曾经盛赞，马克思“能够展开分析资本主义经济和资产阶级社会再生产的总体。这是整个社会科学的最伟大成就之一”[2]。

（一）社会再生产的特点与核心

研究社会总资本运动的出发点是社会总产品。“在 W′…W′ 运动中，正是要通过说明这个总产品 W′ 的每一价值部分会变成什么，才能认识社会再生产的条件。在这里，总的再生产过程既包括资本本身的再生产过程，也包括以流通为中介的消费过程”[3]，“这个总过程，既包含生产消费（直接的生产过程）和作为其中介的形式转化（从物质方面考察，就是交换），也包含个人消费和作为其中介的形式转化或交换……还包含剩余价值的流通，从而也包含对资本家的个人消费，即对剩余价值的消费起中介作用的买和卖”[4]；既包含资本流通，也“包括那种不属于单个资本循环范围内的商品流通”[5]。马克思还强调，“当我们从单个资本的角度来考察资本的价值生产和产品价值时，商品产品的实物形式，对于分析是完全无关

1 《列宁专题文集·论马克思主义》，人民出版社 2009 年版，第 23 页。

2 ［比］欧内斯特·孟德尔:《〈资本论〉新英译本导言》，仇启华、杜章智译，中共中央党校出版社 1991 年版，第 76 页。

3 《马克思恩格斯文集》第 6 卷，人民出版社 2009 年版，第 436 页。

4 同上书，第 390 页。

5 同上书，第 392 页。

的……但是，当我们考察社会总资本及其产品价值时……产品价值的一部分再转化为资本，另一部分进入资本家阶级和工人阶级的个人消费，这在表现为总资本的结果的产品价值本身内形成一个运动。这个运动不仅是价值补偿，而且是物质补偿，因而既要受社会产品的价值组成部分相互之间的比例的制约，又要受它们的使用价值，它们的物质形态的制约”[1]。换句话说，社会再生产的核心问题是社会总产品的实现，包括价值补偿和物质补偿两个方面，它的特点如下图所示。

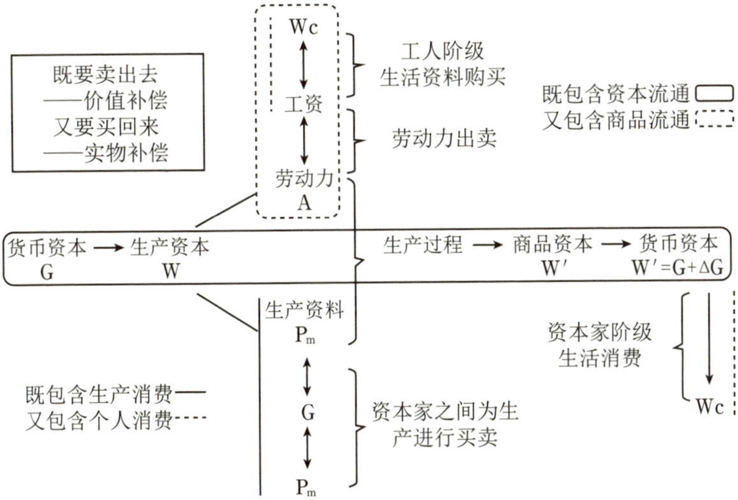

社会总资本再生产和流通的特点↑

为了对上述复杂的经济体系和资本运动进行研究，马克思再次运用了“抽象力”，把社会的总生产分成了两大部类：生产生产资料的第一部类（I），它“具有必须进入或至少能够进入生产消费的

1 《马克思恩格斯文集》第6卷，人民出版社2009年版，第437—438页。

形式的商品”[1]，和生产消费资料的第二部类（II），它“具有进入资本家阶级和工人阶级的个人消费的形式的商品”[2]。

对每一部类的资本来说，都分成两个组成部分，即不变资本 c 和可变资本 v，每一部类借助于这些资本而生产的全部年产品价值就分成：“代表生产上消费掉的、按其价值来说只是转移到产品中去的不变资本 c 的价值部分和由全部年劳动追加的价值部分。后者又分成：补偿预付可变资本 v 的部分和超过可变资本而形成剩余价值 m 的部分。”[3]总的来说，与个别商品的价值一样，每一部类的全部年产品价值也分成 c+v+m。因此，从价值形态看，所谓价值补偿，是指社会总产品价值的各个部分能够顺利实现，从商品形式转化为货币形式；从实物形态看，所谓物质补偿，是指社会总产品价值的各个部分实现为货币之后，又能够在市场上购买到替换它们的物质资料（生产资料和生活资料）。

（二）简单再生产

简单再生产是没有任何积累或规模扩大的再生产。虽然资本主义的特征不是简单再生产，而是扩大再生产，但从实际方面说，简单再生产是扩大再生产的重要组成部分，是它的现实基础。在简单再生产条件下，社会总产品的实现条件如下图所示，下方实线代表第一部类的生产，它用 Ic 和 Iv 的投入生产出价值 I（c+v+m）的生产资料；上方虚线表示第二部类的生产，它用 IIc 和 IIv 的投入生

1 《马克思恩格斯文集》第 6 卷，人民出版社 2009 年版，第 439 页。
2 同上。
3 同上。

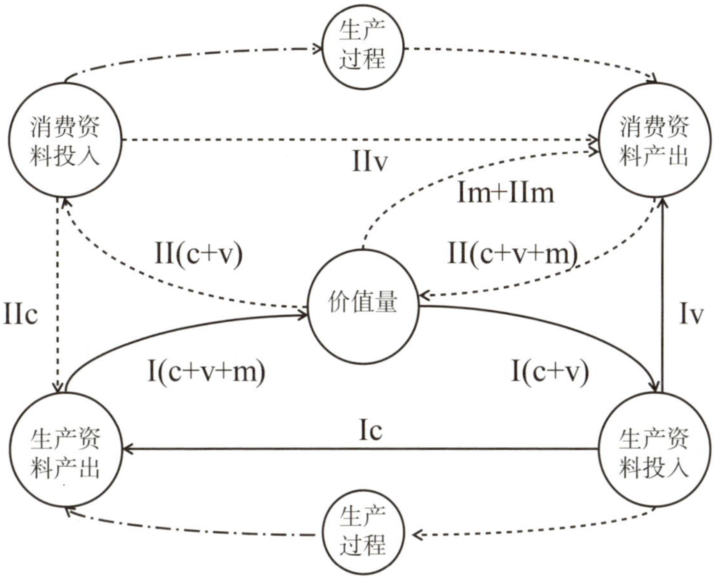

简单再生产条件下社会总产品的实现（改编自 Ben Fine, Alfredo Saad-Filho：*Marx's Capital*）↑

知识链接

简单再生产

马克思指出，在资本主义基础上，尽管没有任何积累或规模扩大的再生产是一种奇怪的假定，但是只要有积累，简单再生产总是积累的一部分，并且从理论上看，主要的困难也是发生在简单再生产的考察上。

产出价值 II（c+v+m）的生活资料。为使社会总产品顺利实现，即完成价值补偿和实物补偿，每一个进项的价值之和必须等于出项的价值之和。具体来说，第一部类的 Ic 是由生产资料构成的，它代表生产过程中消耗的不变资本，在进行再生产时需要在生产资料形式上得到补偿，这通过第一部类内部的交换就可以实现；第二部类的 IIv 和 IIm 是可变资本与剩余价值，代表工人阶级和资本家的生活消费，需要在消费资料形式上得到补偿，这通过第二部类内部的交换也可以实现。第一部类产品价值中 Iv 和 Im 部分，尽管代表工人阶级和资本家的生活消费，但是第一部类的产品形态是生产资料；同样的道理，第二部类的 IIc 代表生产过程中消耗的不变资本，需要在生产资料形式上得到补偿，但是第二部类的产品形态是生活资料，因此，只有通过两大部类之间的交换，才能完成相应部分在价值和物质上的双重补偿和替换，下一时期的再生产才能顺利进行，它可以概括为三个方面：

第一，I（v+m）=IIc，即“第 I 部类的商品资本中的 v+m 价值额（也就是第 I 部类的总商品产品中与此相应的比例部分），必须等于不变资本 IIc，也就是第 II 部类的总商品产品中分出来的与此相应的部分”[1]。这一公式是简单再生产条件下社会总产品实现的基本条件，它体现了社会生产两大部类之间的内在联系。它表明，第 I 部类生产资料的生产和第 II 部类对生产资料的需求之间，以及第 II 部类消费资料的生产和第 I 部类对消费资料的消费之间，都必须保持一定的比例。

第二，I（c+v+m）=Ic+IIc，即第 I 部类全部产品的价值，应该

1 《马克思恩格斯文集》第 6 卷，人民出版社 2009 年版，第 446 页。

等于两大部类的不变资本价值的总和Ic+IIc。这一公式表明了生产资料的生产与两大部类对生产资料的消费之间的关系。在简单再生产条件下，如果I（c+v+m）＞Ic+IIc，就会有一部分生产资料的价值不能实现；反之，如果I（c+v+m）＜Ic+IIc，在生产中消耗的生产资料就得不到充分补偿。

第三，II（c+v+m）=I（v+m）+II（v+m），即第II部类全部产品的价值，应该等于两大部类的可变资本和剩余价值的总和I（v+m）+II（v+m）。这一公式表明了消费资料的生产与两大部类的工人和资本家的个人消费之间的关系。

现实生活中两大部类都是由种类繁多的产业部门构成的，马克思对社会总资本简单再生产的分析表明，社会总产品能否全部实现，社会总资本能否顺利循环，归根到底取决于各生产部门是否按照社会需要的客观比例进行生产和交换，而在资本主义生产方式下，这是无法做到的。

（三）扩大再生产

扩大再生产以资本积累为前提，“要积累，就必须把一部分剩余产品转化为资本。但是，如果不是出现了奇迹，能够转化为资本的，只是在劳动过程中可使用的物品，即生产资料，以及工人用以维持自身的物品，即生活资料……剩余价值所以能转化为资本，只是因为剩余产品（它的价值就是剩余价值）已经包含了新资本的物质组成部分”[1]。因此，为了实现资本积累和扩大再生产，就必须

1 《马克思恩格斯文集》第5卷，人民出版社2009年版，第670页。

知识链接

扩大再生产

为了实现社会资本的扩大再生产，资本家阶级必须把剩余价值的一部分积累起来，作为追加的资本投入生产。此外，还需要社会总产品为扩大再生产提供必要的物质条件，即社会产品中要包含追加的生产资料和生活资料。这在客观上要求社会产品各部分按照扩大再生产的条件重新加以组合。

具备两个物质条件："第一，社会产品中要包含有追加的生产资料；第二，要包含有维持追加劳动力所必需的追加的消费资料。"[1] 由于第一卷论述的产业后备军的存在，通常假定，资本家随时都可以找到追加的劳动力。

我们用 m/x 表示剩余价值中供资本家个人消费的部分，用 Δc、Δv 分别表示追加的不变资本和可变资本。为了能够提供追加的生产资料，第 I 部类当中代表可变资本和剩余价值的这部分产品，在价值总量上必须大于第 II 部类的不变资本，即 I（v+m）> IIc；同时，为了能够提供追加的消费资料，第 II 部类当中代表不变资本和供积累用的剩余价值这两部分产品，在价值总量上必须大

1 徐禾等编：《政治经济学概论》，中国人民大学出版社 2011 年版，第 257 页。

于第Ⅰ部类的可变资本与供资本家个人消费用的剩余价值的总和，即Ⅱ（c+m−m/x）＞Ⅰ（v+m/x）。在扩大再生产条件下，社会总产品的实现条件为：

第一，Ⅰ（v+Δv+m/x）=Ⅱ（c+Δc），即第Ⅰ部类原有的可变资本的价值，加上追加的可变资本的价值，再加上本部类资本家用于个人消费的剩余价值，必须等于第Ⅱ部类原有不变资本和追加不变资本的价值总和，它反映两大部类之间的比例关系。

第二，Ⅰ（c+v+m）=Ⅰc+Ⅱc+ⅠΔc+ⅡΔc，即第Ⅰ部类全部产品的价值，必须等于两大部类原有的不变资本价值，加上两大部类追加的不变资本的价值。

第三，Ⅱ（c+v+m）=Ⅰ（v+m/x）+Ⅱ（v+m/x）+ⅠΔv+ⅡΔv，即第Ⅱ部类全部产品的价值，必须等于两大部类原有的可变资本价值，加上供资本家个人消费用的剩余价值，再加上两大部类追加的可变资本的价值。

对扩大再生产条件下社会总产品实现条件的分析，进一步揭示了社会生产两大部类之间的密切联系，它们的积累和生产扩大，是互为条件、互为依赖的，正如马克思指出的，“在以资本的增加为基础的生产中，Ⅰ（v+m）必须=Ⅱc加上再并入资本的那部分剩余产品，加上第Ⅱ部类扩大生产所必需的不变资本的追加部分；而第Ⅱ部类扩大生产的最低限度，就是第Ⅰ部类本身进行实际积累，即实际扩大生产所不可缺少的最低限度”[1]。但是资本主义生产的“自发形式”，导致“一切平衡都是偶然的，各个领域中使用资本的比例固然通过一个经常的过程达到平衡，但是这个过程的经常性本

1 《马克思恩格斯文集》第6卷，人民出版社2009年版，第583页。

身，正是以它必须经常地、往往是强制地进行平衡的那种经常的比例失调为前提”[1]。那些使简单再生产或者扩大再生产得以正常进行的某些条件，很容易“转变为同样多的造成过程失常的条件，转变为同样多的危机的可能性”[2]。上述社会总产品实现的“一切必要的前提是互为条件的，但是，它们是通过一个极为复杂的过程作为中介的。这个过程，包括三个彼此独立进行但又互相交错在一起的流通过程。过程本身的复杂性，呈现出同样多的造成过程失常的原因”[3]。

资本积累是扩大再生产的前提。图为1841年建成的英国亚麻厂　文化传播/供图↑

1 《剩余价值理论》第2册，人民出版社1975年版，第562页。

2 《马克思恩格斯文集》第6卷，人民出版社2009年版，第557页。

3 同上书，第558页。此外，第二卷假定技术和组织结构保持不变，信用制度也没有正式纳入分析框架，因此，如果再考虑这些因素的影响（如马克思在第一卷和第三卷所述），平衡增长的可能性更是微乎其微。

五、《资本论》第二卷小结

1884年2月，恩格斯在致俄国民粹派分子彼·拉·拉甫罗夫的信中说，“第二册是纯学术性的，谈的都是有关资产阶级本身中间的相互关系问题”[1]，通过研究这些相互关系，马克思试图说明资本循环的连续性不断地受到产生于实现过程中的限制和界限的威胁。这与马克思在1879年4月写给尼·弗·丹尼尔逊的信中的观点一致，即“在英国目前的工业危机还没有达到顶峰之前，我决不出版第二卷……必须注意目前事件的进展，直到它们完全成熟，然后才能把它们‘消费到生产上’，我的意思是‘理论上’”[2]。

在循环过程中，资本价值分别采取货币资本、生产资本和商品资本三种形式，经历购买、生产和出售三个阶段。在资本的连续运动中，同时存在着货币资本的循环、生产资本的循环和商品资本的循环，而资本连续循环的条件恰恰是这三种循环在空间上的并存和时间上的继起。资本循环的周期运动，称为资本周转，可以用周转时间或者周转次数来衡量资本周转的快慢，资本构成中固定资本所占比重越高、生产时间和流通时间越长，资本周转的速度就越慢，从而越不利于资本不断增殖的运动目的。如果再考虑单个资本之间互为前提、互为条件的交错联系，就是社会总资本的再生产和流通，它既包含生产消费，也包含个人消费，不仅包括资本流通，还包括一般商品流通。要使社会总资本的再生产和流通顺利进行，社

1 《马克思恩格斯〈资本论〉书信集》，人民出版社1976年版，第427页。

2 《马克思恩格斯文集》第10卷，人民出版社2009年版，第431页。

会总产品就必须实现价值补偿和物质补偿，也就是说，两大部类之间不但要在价值上保持合适的比例，在使用价值上也要满足相互需求。

随着社会生产力的发展，以及社会分工的深入，劳动过程在客观上越来越社会化，不同区域、民族在原材料、劳动工具和劳动者本身的供给与结合方面越来越相互依赖；但是，生产资料的资本主义私有制，使私人占有成为所有生产努力的出发点和归宿。资本主义社会的这一基本矛盾导致其生产出来的商品“必须流通，其价值必须实现。然后我们才能知道商品生产中所消耗的私人劳动被当作社会劳动来承认的比例。这样，以价值和剩余价值生产为一方，以商品流通（销售）、价值实现为另一方，两者之间存在着不可分割的统一”[1]。“《资本论》第二卷最突出的特点之一，恰恰是马克思通过流通过程的分析巧妙地发展了《资本论》第一卷的初始主题”[2]，即社会化大生产与资本主义私有制、社会劳动与私人劳动、价值和使用价值、商品和货币之间的辩证关系和矛盾运动。

总之，在资本的整个运动过程中，资本的生产过程和流通过程是辩证统一的，生产过程必须由流通过程来补充。《资本论》第二卷是第一卷理论逻辑的延续，并且只有在与第二卷的辩证关系中，我们才能恰当地理解第一卷的相关内容；同时，用恩格斯的话来说，它也是第三卷的引言。

1 ［比］欧内斯特·孟德尔:《〈资本论〉新英译本导言》，仇启华、杜章智译，中共中央党校出版社 1991 年版，第 78—79 页。

2 同上书，第 80—81 页。

第四章

《资本论》第三卷导读

生产剩余价值即直接从工人身上榨取无酬劳动并把它固定在商品上的资本家，是剩余价值的第一个占有者，但决不是剩余价值的最后所有者。以后他还必须同在整个社会生产中执行其他职能的资本家，同土地所有者等等，共同瓜分剩余价值。

《资本论》第三卷也是马克思逝世之后，由恩格斯根据马克思遗留下来的手稿编辑而成，于1894年11月在德国汉堡出版，是《资本论》理论部分的终结卷，主要揭示和阐明资本主义生产总过程的各种具体形式，它的问世，“如雷鸣电闪，因为它第一次从总的联系中考察了全部资本主义生产，完全驳倒了全部官方的资产阶级经济学”[1]。然而，如果说“第一卷是最著名的并被人们广泛阅读的一卷，第二卷是不被人们知道的一卷，那么第三卷就是引起争议最多的一卷”[2]。不管怎样，“这是一部光彩夺目的著作，在学术上甚至超过第一卷”[3]，值得我们认真阅读、理解和辨析。

一、《资本论》第三卷的脉络

早在《资本论》第一卷的正文中，马克思就已经埋下伏笔，要把对资本家能够卖掉商品并将绝大部分货币再转化为资本的详细分析放在第二册进行，并且指出：“生产剩余价值即直接从工人身上榨取无酬劳动并把它固定在商品上的资本家，是剩余价值的第一个占有者，但决不是剩余价值的最后所有者。以后他还必须同在整

1 《马克思恩格斯〈资本论〉书信集》，人民出版社1976年版，第461页。
2 ［比］欧内斯特·孟德尔：《〈资本论〉新英译本导言》，仇启华、杜章智译，中共中央党校出版社1991年版，第145页。
3 《马克思恩格斯〈资本论〉书信集》，人民出版社1976年版，第462页。

个社会生产中执行其他职能的资本家，同土地所有者等等，共同瓜分剩余价值。因此，剩余价值分为各个不同的部分。它的各部分归不同类的人所有……在第三册里才能研究。”[1] 因此，第三卷研究的是作为生产与流通过程相统一的资本主义生产总过程，中心是剩余价值的分配。在这里，资本由前两卷分析中呈现的一般形式，转化为产业资本、商业资本和银行资本；价值转化为生产价格；剩余价值转化为利润、平均利润，并进一步转化为产业利润、商业利润、利息和地租。全书共 7 篇 52 章，可以分为三大部分，如下图所示。

《资本论》第三卷脉络↑

第一篇至第三篇，马克思分析了剩余价值的转化和利润（利润率）的波动。在资本主义生产方式下，商品价值在社会表象上体现为成本价格与利润之和，不变资本与可变资本的区别消失了，这就造成一种假象，似乎生产中发生的价值变化不是来自可变资本，而是来自全部预付资本，这样剩余价值率就转化为利润率，剩余价值就转化为利润。由于竞争，资本会在不同部门之间流动，从而使个别利润率转化为按照社会总资本计算的平均利润率，个别利润转化

1 《马克思恩格斯文集》第 5 卷，人民出版社 2009 年版，第 651—652 页。

为平均利润。在这一前提下，商品价值又进一步转化为生产价格，即成本价格加上平均利润。生产价格形成后，商品的市场价格就不再以价值为中心而是以生产价格为中心上下波动，价值规律的作用形式发生了变化。此外，马克思还阐明了一般利润率趋于下降的规律，以及起反作用的各种原因，导致利润率在短期内不断波动。

第四篇至第六篇，马克思论述了剩余价值即利润是如何分割为商业利润、利息和地租的。首先，商业资本是产业资本的买卖职能独立化的结果，有助于缩短流通时间、扩大市场、降低流通费用，从而间接增大产业资本生产的剩余价值。但是商业资本不创造价值，商业利润是对产业利润的扣除。其次，借贷资本家把资本作为商品投入流通领域，其特殊的使用价值是能够带来利润。职能资本家借入资本取得这种使用价值后，从事某一具体领域的生产经营活动，并经过一定时间向贷出者还本付息，因此利息和商业利润一样，也是对产业利润的扣除。借贷资本的发展还促进银行和信用体系等具体形式的繁荣、虚拟资本的形成以及股票等有价证券的流通，导致广义货币资本与现实资本积累关系的复杂化（融合或者分离）。最后，地租是土地所有者凭借土地所有权而索取的收入，是土地所有权在经济上的实现形式，体现了土地所有者和租佃资本家瓜分剩余价值、共同剥削雇佣工人的关系。土地价格是地租的资本化。

第七篇不仅是《资本论》第三卷的总结，也是整个《资本论》三卷的总结，是对资本主义生产关系的总揭露。资产阶级政治经济学把资本主义条件下的各种收入归结为三位一体公式：资本—利润，土地—地租，劳动—工资。马克思的《资本论》则揭示了这一公式掩盖的秘密，指出各种收入从根本上来说都是劳动者创造的价值和剩余价值。与上述三种收入形式相对应，存在着三大社会阶级：资产阶级、土地所有者阶级和无产阶级，无产阶级与前两个阶级的对立和斗争，将推动资本主义生产方式的加速瓦解。

二、产业资本与平均利润

通过展现剩余价值转化为生产价格的全部过程，马克思一步一步在抽象概念和本质范畴（第一卷和第二卷论述的价值、剩余价值等）与社会现象（第三卷触及的市场价格、利润等）之间建立起了逻辑联系，并且指出竞争将促使利润率平均化，同时，资本增殖过程也越来越神秘化。

（一）剩余价值转化为利润

在《资本论》第一卷，为了探究资本增殖过程的秘密，马克思把预付总资本分成了不变资本和可变资本，但是这种划分对资本家而言，并没有本质区别，“因为资本家只有预付不变资本才能对劳动进行剥削，因为他只有预付可变资本才能使不变资本增殖，所以在他的心目中，这两种资本就完全混同在一起了”[1]。他在生产过程伊始预付的，是不变资本和可变资本的总和，工人在进入生产过程之后与生产资料一样，是资本家生产资本的组成部分，因此，在生产过程的末尾需要通过商品出售再次补偿的，也只是自己耗费的

1 《马克思恩格斯文集》第7卷，人民出版社2009年版，第50页。

那部分东西，马克思把它称为商品的成本价格，用 k 表示，k=c（可变资本）+v（不变资本）。于是，商品的价值 W=c+v+m（剩余价值）就转变为 W=k+m。就成本价格表现为劳动资料、原料、辅助材料和劳动力这些形式来说，“只有一个区别会显现出来，即固定资本和流动资本的区别”[1]，“在劳动力上支出的可变资本部分，在这里，在流动资本这个项目下，显然和不变资本（即由生产材料构成的资本部分）等同起来，这样，资本的增殖过程的神秘化也就完成了”[2]。

剩余价值是由可变资本带来的，但在生产过程结束以后，它同样表现为所耗费的总资本的增加额，如果再考虑固定资本，那么，剩余价值“不仅对进入价值增殖过程的预付资本部分来说是一个增加额，而且对不进入价值增殖过程的预付资本部分来说也是一个增加额；因而，不仅对用商品的成本价格来补偿的所耗费的资本来说是一个价值增加额，而且对生产中所使用的全部资本来说

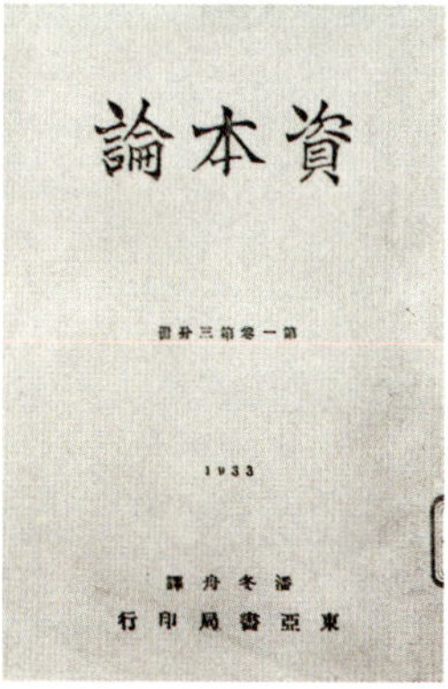

1933 年东亚书局印行的《资本论》第一卷第三分册封面　文化传播 / 供图↑

1 《马克思恩格斯文集》第 7 卷，人民出版社 2009 年版，第 39 页。

2 同上书，第 40—41 页。

知识链接

利润

利润是剩余价值的转化形式。马克思曾援引邓宁在《工联和罢工》一书中所指出的："资本逃避动乱和纷争，它的本性是胆怯的。这是真的，但还不是全部真理。资本害怕没有利润或利润太少，就像自然界害怕真空一样。一旦有适当的利润，资本就胆大起来。"习近平总书记也强调："资本具有逐利本性，如不加以规范和约束，就会给经济社会发展带来不可估量的危害。"

也是一个价值增加额"[1]。"剩余价值，作为全部预付资本的这样一种观念上的产物，取得了利润这个转化形式。"[2]利润用 p 表示，那么，W=c+v+m=k+m=k+p。马克思指出，"利润……这个神秘化的形式必然会从资本主义生产方式中产生出来。因为在成本价格的表面的形成上，不变资本和可变资本之间的区别看不出来了，所以在生产过程中发生的价值变化的起源，必然从可变资本部分转移到总资本上面。因为在一极上，劳动力的价格表现为工资这个转化形式，所

1 《马克思恩格斯文集》第 7 卷，人民出版社 2009 年版，第 41—42 页。

2 同上书，第 43—44 页。

以在另一极上，剩余价值表现为利润这个转化形式”[1]。正是在利润转化形式上，“剩余价值的起源和它存在的秘密被掩盖了，被抹杀了……只有通过分析才得以从利润中剥离出来”[2]。进而，“在资本和利润的关系中……资本表现为一种对自身的关系，在这种关系中，资本作为原有的价值额，同它自身创造的新价值相区别”[3]。

“不管剩余价值来自何处，它总是一个超过全部预付资本的余额。因此，这个余额和总资本会保持一个比率”[4]，这个比率就是利润率 p′，用公式 p′ =m/C=m/c+v 表示，其中 C 表示总资本。显然，剩余价值率和利润率只是同一个量的两种不同计算方法，“剩余价值和剩余价值率相对地说是看不见的东西，是要进行研究的本质的东西，而利润率，从而剩余价值作为利润的形式，却会在现象的表面上显示出来”[5]。

总之，在《资本论》第一卷对不变资本、可变资本和剩余价值的分析中，资本对劳动的剥削关系赤裸裸地暴露出来了；在这里对成本价格、利润及利润率的描述上，尽管越来越接近生产当事人通常意识中表现出来的形式，但是资本关系也越发神秘化。

（二）竞争与利润率的平均化

由于竞争，等量资本要求不管用在哪个生产部门都能获得等量

1 《马克思恩格斯文集》第 7 卷，人民出版社 2009 年版，第 44 页。

2 同上书，第 56 页。

3 同上书，第 56—57 页。

4 同上书，第 51 页。

5 同上。

利润。“竞争首先在一个部门内实现的，是使商品的不同的个别价值形成一个相同的市场价值和市场价格。”[1]“在每个生产部门中，本部门的利润率会发生或长或短时间的波动，直到这种波动经过一系列提高或降低稳定下来，足以赢得时间来影响一般利润率”[2]，此时“资本会从利润率较低的部门抽走，投入利润率较高的其他部门。通过这种不断的流出和流入，总之，通过资本在不同部门之间根据利润率的升降进行的分配，供求之间就会形成这样一种比例，使不同的生产部门都有相同的平均利润”[3]。马克思非常清楚，这种在不断的不平衡中实现平均化的过程，是有条件的：其一，资本具有更大的灵活性，它要求消除资本主义生产方式本身造成的垄断，信用制度的充分发展集中社会上大量分散的资本供资本家使用，不同生产部门都受资本家支配等；其二，劳动力能够顺利并迅速地转移生产部门或地点，这意味着废除妨碍转移的所有法律，一切生产部门的劳动尽可能地化为简单劳动，工人受资本主义生产方式支配等。

根据利润率的公式 $p' = m/c + v = m' / (1+c/v)$ 可以知道，在其他因素不变的条件下[4]，各个生产部门资本的有机构成的不同，会造成利润率的差异。剩余价值的唯一源泉是活劳动，因此等量资本所占有的剩余劳动量的多少，取决于它的可变组成部分的大小，如果商品按照它们的价值出售，这些不同生产部门资本的利润率，即剩

1 《马克思恩格斯文集》第 7 卷，人民出版社 2009 年版，第 201 页。

2 同上书，第 190 页。

3 同上书，第 218 页。

4 影响利润率的因素很多，马克思在第 4—7 章对此进行了详细研究，包括剩余价值率和资本有机构成的高低、周转速度的快慢、不变资本的节省等。这里，为了考察不同生产部门之间的投资差别，研究价值向生产价格的转化过程，假定劳动的剥削程度等影响利润率的其他因素相同，资本构成指的也是生产部门总资本的平均状况。

余价值与预付总资本的比例也就随之不同，那么，上述等量资本获得等量利润的要求——一切资本不论大小和有机构成都要求相等的利润率，是如何通过竞争实现的呢？马克思认为，“不同的生产部门，不管资本的有机构成如何不同，只要为生产产品所预付的资本部分相等，其产品的成本价格总是相等的……成本价格的这种等同性，形成各个投资竞争的基础，而平均利润就是通过这种竞争确定的”[1]。考虑马克思提供的数字例子，如表 4–1 所示，假定有五个生产部门，每个部门的预付资本均为 100，在剩余价值率相等且为 100% 的前提下，不同部门有机构成的差异会导致不同的剩余价值量、利润率，形成不同的商品价值（=c+v+m），如情形 1 所示。如果再考虑不变资本中固定资本价值的部分转移（情形 2 中 $c_{费}$）[2]，就会得到另一组不同的价值（$=c_{费}+v+m$）和成本价格（$=c_{费}+v$）序列，如情形 2 所示，此时利润率仍与情形 1 相同。现在我们把资本 1—5 看作一个总资本，这 5 个资本的总和的构成 =390c+110v（平均构成 =78c+22v），总剩余价值 =110（平均每个资本获得 22），由此可以求出平均利润率 p′ =110/500=22% 和平均利润 p=22，如情形 3 所示。从表中可以看出，利润率平均化之后，商品不再按照价值 W_2 出售，而是根据新的价格 = 成本价格 + 平均利润出售。

1 《马克思恩格斯文集》第 7 卷，人民出版社 2009 年版，第 172 页。

2 利润率等于剩余价值与全部预付资本的比例，所以即使固定资本只是部分地转移其价值，也不影响利润率的计算。

表 4-1　平均利润率与生产价格的形成

C	m'	m	情形 1		情形 2			情形 3	
			p'	W_1	$c_{费}$	W_2	k	$\bar{p}'$	P
1. 80c+20v	100%	20	20%	120	50	90	70	22%	92
2. 70c+30v	100%	30	30%	130	51	111	81	22%	103
3. 60c+40v	100%	40	40%	140	51	131	91	22%	113
4. 85c+15v	100%	15	15%	115	40	70	55	22%	77
5. 95c+5v	100%	5	5%	105	10	20	15	22%	37
总和成本价格：390c+110v		110							
平均成本价格：78c+22v		22							

马克思把“求出不同生产部门的不同利润率的平均数，把这个平均数加到不同生产部门的成本价格上，由此形成的价格”[1]称为生产价格。随着利润率的平均化，利润转化为平均利润，价值就转化为生产价格。从表 4–1 中还可以看出，对那些资本的有机构成高于社会平均水平的部门来说，得到的平均利润大于本部门创造的剩余价值，生产价格也高于价值；反之，资本的有机构成较低的部门，平均利润小于剩余价值，生产价格也低于价值。“在各特殊生产部门内，利润和剩余价值之间——不仅是利润率和剩余价值率之间——实际的量的差别，把利润的真正性质和起源完全掩盖起来”[2]，平均利润的形成过程，本质上来说是不同部门的资本家通过竞争而重新瓜分剩余价值的过程，“资本家在他们的竞争中表现出彼此都是假兄弟，但面对整个工人阶级却结成真正的共济会团体”[3]。马克

1 《马克思恩格斯文集》第 7 卷，人民出版社 2009 年版，第 176 页。

2 同上书，第 188 页。

3 同上书，第 220 页。

思强调，“每一单个资本家，同每一个特殊生产部门的所有资本家总体一样，参与总资本对全体工人阶级的剥削，并参与决定这个剥削的程度，这不只是出于一般的阶级同情，而且也是出于直接的经济利益，因为在其他一切条件（包括全部预付不变资本的价值）已定的前提下，平均利润率取决于总资本对总劳动的剥削程度”[1]。

随着资本主义生产的发展，商品不再按价值出售，而是按生产价格出售，并不是对价值规律的否定，而是它的展开。首先，“生产价格以一般利润率的存在为前提；而这个一般利润率，又以每个特殊生产部门的利润率已经分别化为同样多的平均率为前提。这些特殊的利润率……要从商品的价值引申出来。没有这种引申，一般利润率（从而商品的生产价格）就是一个没有意义、没有内容的概念”[2]。其次，“如果把社会当做一切生产部门的总体来看，社会本身所生产的商品的生产价格的总和等于它们的价值的总和”[3]，利润总和等于剩余价值总和。最后，“一般利润率的实际变化，在不是例外地由异常的经济事件引起的时候，总是由一系列延续很长时期的波动所造成的、很晚才出现的结果，这些波动需要经过许多时间才能巩固为和平均化为一般利润率的一个变化。因此，在任何一个较短的时期内（把市场价格的波动完全撇开不说），生产价格的变化显然总是要由商品的实际的价值变动来说明，也就是说，要由生产商品所必需的劳动时间的总和的变动来说明”[4]。价值向生产价格的转化的过程，可以用下图表示。

1 《马克思恩格斯文集》第 7 卷，人民出版社 2009 年版，第 219 页。
2 同上书，第 176—177 页。
3 同上书，第 179 页。
4 同上书，第 186 页。

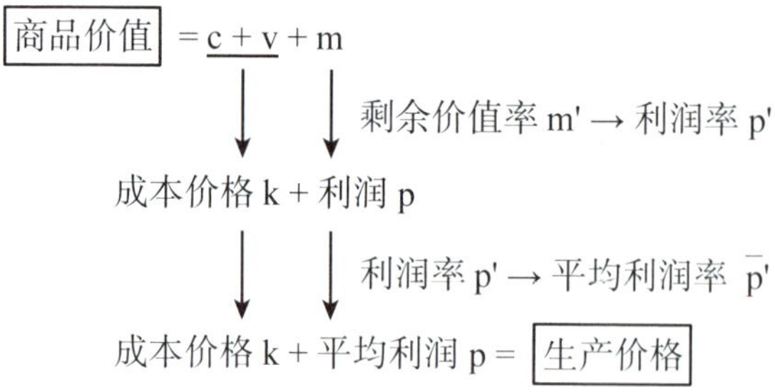

价值向生产价格的转化↑

（三）利润率趋向下降的规律

在《资本论》第一卷分析资本积累的时候，我们已经知道，随着资本主义生产方式的发展，资本的可变部分同不变部分相比，进而同被推动的总资本相比，会相对减少，资本的有机构成提高，这是资本积累的规律。“资本构成的这种逐渐变化，不仅发生在个别生产部门，而且或多或少地发生在一切生产部门，或者至少发生在具有决定意义的生产部门，因而这种变化就包含着某一个社会的总资本的平均有机构成的变化……就必然会有这样的结果：在剩余价值率不变或资本对劳动的剥削程度不变的情况下，一般利润率会逐渐下降。”[1]“因此，一般利润率日益下降的趋势，只是劳动的社会生产力的日益发展在资本主义生产方式下所特有的表现。”[2]

一般利润率下降，决不表示工人受剥削程度的减轻，也不表示剩余价值量和利润量的减少。“一个同样的或甚至一个不断提高的剩余价值率表现为不断下降的利润率这个规律，换一个说法就

1 《马克思恩格斯文集》第 7 卷，人民出版社 2009 年版，第 236 页。

2 同上书，第 237 页。

是：某个一定量的社会平均资本（例如资本100）表现为劳动资料的部分越来越大，表现为活劳动的部分越来越小……这个总资本所吸收的剩余劳动，同它自己的量相比，也越来越小，虽然所使用的劳动的无酬部分和有酬部分的比率可以同时增大。”[1]一般利润率下降，也不表示剩余价值量和利润量的减少。工人在劳动中不是同生产资料的价值发生关系，而是同它的使用价值发生关系，社会劳动生产力的发展，一方面生产出更多的使用价值——生产资料就是其中一部分，另一方面生产出与资本积累需要相适应的过剩人口，从而“自然会得出如下的结论：预定要转化为资本的已经增加了的生产资料的量，总会随时找到相应地增加了的、甚至过剩的可供剥削的工人人口。所以，在生产过程和积累过程的发展中，可以被占有和已经被占有的剩余劳动的量，从而社会资本所占有的利润的绝对量，都必然会增加。但是，同一些生产规律和积累规律，会随着不变资本的量增加，使不变资本的价值同转化为活劳动的可变资本部分的价值相比，越来越快地增加。因此，同一些规律，使社会资本的绝对利润量日益增加，使它的利润率日益下降”[2]。

在资本主义生产发展的过程中，马克思观察到社会生产力的巨大进步，大量机器和固定资本不断加入社会生产过程，资本有机构成迅速提高，但是利润率的下降有时比较缓慢，这意味着“必然有某些起反作用的影响在发生作用，来阻挠和抵消这个一般规律的作用，使它只有趋势的性质”[3]。这些起反作用的因素包括劳动剥削程度提高、工资被压低到劳动力价值以下，不变资本各要素变得便

1 《马克思恩格斯文集》第7卷，人民出版社2009年版，第240页。

2 同上书，第243—244页。

3 同上书，第258页。

宜，人口相对过剩，对外贸易和股份资本增加，等等。因此，马克思指出：“引起一般利润率下降的同一些原因，又会产生反反作用，阻碍、延缓并且部分地抵消这种下降。这些原因不会取消这个规律，但是会减弱它的作用……所以，这个规律只是作为一种趋势发生作用；它的作用，只有在一定情况下，并且经过一个长的时期，才会清楚地显示出来。”[1]

三、商业资本与商业利润

商业资本是产业资本运动中商品资本职能独立化的结果，它参与利润率的平均化过程；但是商业资本不生产剩余价值，它获

《资本论》深刻揭示了资本积累的一般规律。图为19世纪初期英国布匹交易大厅内的场景　文化传播/供图↑

1 《马克思恩格斯文集》第7卷，人民出版社2009年版，第266页。

得的平均利润是总生产资本生产的剩余价值的一部分。

(一) 商业利润及其来源

在《资本论》第二卷，我们已经知道，就社会总资本而言，它的一部分总是作为商品处在市场上，等待转化为货币（W—G）；另一部分则始终以货币形式存在，准备转化为商品（G—W）。“只要处在流通过程中的资本的这种职能作为一种特殊资本的特殊职能独立起来，作为一种由分工赋予特殊一类资本家的职能固定下来，商品资本就成为商品经营资本或商业资本”[1]，它“不外是这个不断处在市场上、处在形态变化过程中并总是局限在流通领域内的流通资本的一部分的转化形式”[2]。因此，与产业资本家不同，商业资本家不生产商品，他只经营商品，不断地重复为卖而买的行为，对商品的运动起中介作用，可以用公式 G—W—G′ 表示。

对产业资本来说，它的周转不仅受生产时间的限制，也受流通时间的限制，而商业资本的介入，商人专门从事商品资本向货币资本的转化，“不仅生产者可以把他的商品较早地转化为货币，而且商品资本本身也会比它处在生产者手中的时候更快地完成它的形态变化”[3]。

···

1 《马克思恩格斯文集》第 7 卷，人民出版社 2009 年版，第 298 页。不能否认，“不仅商业，而且商业资本也比资本主义生产方式古老，实际上它是资本在历史上最古老的自由的存在方式”。在这里，马克思是在资本主义生产方式的界限内考察商人资本，此时“商人资本从它原来的独立的存在，下降为一般投资的一个特殊要素，而利润的平均化，又把它的利润率化为一般的平均水平”。参见《资本论》第三卷第 20 章《关于商人资本的历史考察》。

2 同上书，第 299 页。

3 同上书，第 307 页。

除了时间上的节约，商人的介入还会减少产业资本家原来为使再生产过程不致中断而保存起来的货币准备金，“现在，生产者能够把他的资本中较大的部分不断地用于真正的生产过程，而把较小的部分用做货币准备金”[1]，从而生产出更多的剩余价值。实际上，由于分工和规模化，专门用于买卖的资本在数量上“小于产业资本家在必须亲自从事他的企业的全部商业活动时所需要的这种资本”[2]。就全部商业资本与产业资本的关系来看，商人可以帮助同一部门不同资本家，甚至不同部门资本家实现商品向货币的转化，因此，“商人资本的一次周转，不仅可以代表一个生产部门许多资本的周转，而且可以代表不同生产部门若干资本的周转”[3]，大大提高了整个产业资本的使用效率。

商业资本只是在流通领域执行职能的资本，我们已经知道，在流通领域发生的只是商品形态的变化，而不会发生价值量的任何变化，“商人资本既不创造价值，也不创造剩余价值，就是说，它不直接创造它们”[4]。但是商业资本既然是资本，就有要求获得平均利润的权利，如果商业资本带来低于产业资本的平均利润，一部分商业资本就会转化为产业资本。马克思指出：“因为商人资本本身不生产剩余价值，所以很清楚，以平均利润的形式归商人资本所有的剩余价值，是总生产资本所生产的剩余价值的一部分。”[5]从形式上看，商业资本家只能从商品的买卖差价中取得利润，那么，这个利润是如何从生产中转移过来的呢？

1 《马克思恩格斯文集》第 7 卷，人民出版社 2009 年版，第 306 页。
2 同上书，第 307 页。
3 同上。
4 同上书，第 312 页。
5 同上书，第 314 页。

一旦我们考虑包含商业资本的利润平均化过程，就会发现其中的秘密。用马克思的数字例子来说，假定一年中预付的总产业资本 =720c+180v=900，剩余价值率 m′ =100%，那么，总产品价值或生产价格 =720c+180v+180m=1080，平均利润率 p1′ =180/900=20%。如果再假定除了 900 单位的产业资本外，还有 100 单位的商业资本，也拥有平等的对 180 单位剩余价值的要求权，那么平均利润率就变为 p2′ =180/（900+100）=18%。在新的情况下，产业资本的生产价格（成本价格加上平均利润）从原来的 1080 降低为 900+900×18%=1062，这也是他把商品卖给商业资本家的价格；对商业资本家而言，他会在 1062 基础之上加入平均利润将商品再次出售，其价格为 1062+100×18%=1080。比较上述两种情况，我们可以得出如下结论："产业资本家的利润等于商品的生产价格超过它的成本价格的余额，而和这种产业利润不同，商业利润等于商品的出售价格超过它的生产价格的余额，这个生产价格对商人来说就是商品的购买价格……商人资本虽然不参加剩余价值的生产，但参加剩余价值到平均利润的平均化。因此，一般利润率已经意味着从剩余价值中扣除了属于商人资本的部分，也就是说，对产业资本的利润作了一种扣除。"[1]

（二）商业资本的周转与危机

产业资本的周转是生产时间和流通时间的统一，是 G—W…P…W′—G′ 的不断运动，表示总生产过程的周期性更新，每周

1 《马克思恩格斯文集》第 7 卷，人民出版社 2009 年版，第 319 页。

转一次，生产一次剩余价值；商业资本的周转则是买卖的反复进行，“在商人那里，同一货币资本（不管它是由哪些货币单位构成），同一货币价值，却是按其价值额反复买卖商品资本，因而作为 G+ΔG 反复流回同一个人手里，也就是作为价值加上剩余价值流回它的起点。这就是它的周转作为资本的周转所具有的特征”[1]。

商业资本的周转受到两个方面的限制。就它的第一个阶段买 G—W 来说，商业资本购买的只是产业资本生产的商品，如果再生产过程变缓，商业资本的周转也会随之放慢，因为“商人资本对生产资本的周转起中介作用，但这只是就它缩短生产资本的流通时间来说的。它不会直接影响生产时间，而生产时间也是对产业资本周转时间的一个限制。这对商人资本的周转来说是第一个界限”[2]。就它的第二个阶段卖 W—G′ 来说，“把再生产消费所造成的限制撇开不说，商人资本的周转最终要受全部个人消费的速度和规模的限制，因为商品资本中加入消费基金的整个部分，取决于这种速度和规模”[3]。因为尽管不变资本和不变资本之间会发生不断的流通，“这种流通就它从来不会加入个人的消费来说，首先不以个人消费为转移，但是它最终要受个人消费的限制，因为不变资本的生产，从来不是为了不变资本本身而进行的，而只是因为那些生产个人消费品的生产部门需要更多的不变资本”[4]。

商人资本的独立化，并且在现代信用制度下，除了自有资本，商业资本家还能运用借入资本，从而支配社会总货币资本的一个很

1 《马克思恩格斯文集》第 7 卷，人民出版社 2009 年版，第 338 页。

2 同上。

3 同上书，第 338—339 页。

4 同上书，第 340 页。

大部分，使它可以在已购买的商品卖给最终消费者之前反复进行购买和出卖，如卖给其他商业资本家，这就会创造出一种“虚假的需求”[1]。马克思敏锐地观察到，“由于商人资本的独立化，它的运动在一定界限内就不受再生产过程的限制，因此，甚至还会驱使再生产过程越出它的各种限制。内部的依赖性和外部的独立性会使商人资本达到这样一点：内部联系要通过暴力即通过一次危机来恢复。因此，在危机中发生这样的现象：危机最初不是在和直接消费有关的零售业中暴露和爆发的，而是在批发商业和向它提供社会货币资本的银行业中暴露和爆发的”[2]。危机将迅速结束商人资本独立运动创造的虚假繁荣，并强制建立起它与产业资本运动的内在联系。

四、借贷资本与利息

从本部分起，我们将进入《资本论》第三卷的第五篇《利润分为利息和企业主收入。生息资本》，它是马克思对资本主义信用、金融及其与现实资本关系认识的集中阐述，是第三卷中篇幅最长、难度最大的一篇。[3]

借贷资本的全部运动表现为双重支出与双重回流，它的幼仔即利息不外是利润的一部分，在这一运动背后隐藏着其与现实积累相背离的因素，从而造成以借贷资本、货币资本表示的积累常常大于

1 《马克思恩格斯文集》第 7 卷，人民出版社 2009 年版，第 339 页。

2 同上。

3 对这一篇的详细研究，可参见袁辉:《现代金融资本积累的政治经济学分析》，中共中央党校出版社 2014 年版。

实际的资本积累。

（一）信用货币与货币金字塔

在第一卷的时候，马克思已经觉察到，信用货币可以直接从货币作为支付手段的职能中产生，但信用和信用货币对资本主义而言尤为重要，“随着商业和只是着眼于流通而进行生产的资本主义生产方式的发展，信用制度的这个自然基础也在扩大、普遍化、发展”[1]。马克思发现，“货币作为独立的价值形式同商品相对立，或者说，交换价值必须在货币上取得独立形式，这是资本主义生产的基础……在资本主义发达的国家……货币在很大程度上一方面为信用经营所代替，另一方面为信用货币所代替”[2]，因此“资本主义生产按它现在的规模，没有信用制度（甚至只是从这个观点来看），只有金属流通……显然，不能存在”[3]。

私人之间因生产和流通形成的支付凭证在到期之前会作为支付手段流通，成为商业货币，“就像生产者和商人的这种互相预付形成信用的真正基础一样，这种预付所用的流通工具，票据，也形成真正的信用货币如银行券等等的基础”[4]。也就是说，经由商业货币结成的信用链条不可能毫无限制地延伸，通过把信用置于更为一般的基础上，银行信用及其工具可以克服商业信用的时空局限。[5]在

1 《马克思恩格斯文集》第 7 卷，人民出版社 2009 年版，第 450 页。

2 同上书，第 584 页。

3 《马克思恩格斯文集》第 6 卷，人民出版社 2009 年版，第 383 页。

4 《马克思恩格斯文集》第 7 卷，人民出版社 2009 年版，第 450—451 页。

5 参见［日］伊藤・诚、［希］考斯达斯・拉帕维查斯:《货币金融政治经济学》，孙刚、戴淑艳译，经济科学出版社 2001 年版，第 114—115 页。

资本主义生产中，实业家的准备金保管、货币出纳、国际支付、金银贸易的技术性业务，乃至生息资本或货币资本的管理都发展成为货币经营者的职能，他们采取票据贴现、签发汇票支票、开立信用账户和发行银行券等形式提供信用。马克思着重指出："银行券无非是向银行家签发的、持票人随时可以兑现的、由银行家用来代替私人汇票的一种汇票……会由单纯的商业流通进入一般的流通，并在那里作为货币执行职能。"[1]这些商业票据和银行券等形式的信用货币可以大大节约流通成本，其数量也能够根据生产和流通的需要及时调整，是性能良好的流通手段。

信用货币作为债权债务关系凭证并不能直接执行货币价值尺度的职能[2]，但它们在商业领域的广泛流通，以及从单纯商业流通进入一般流通，即银行券不但能够润滑企业之间的生产和流通，还可以便利企业和家庭之间流通（消费品、工资等）的事实同样对信用货币的品质提出要求，以保证它们能够安全流通。最直接的办法就是建立起信用货币与黄金等商品货币或以国家为后盾的纸币的联系，马克思指出，"信用货币本身只有在它的名义价值额上绝对代表现实货币时，才是货币"[3]。在正常情况下，可兑换性只具有理论意义或锚定作用，但当它兑换成货币的可能性受到威胁时，就会丧失幻想的货币资格，动摇一切现有的关系。这一过程中，国家力量的重要性再次凸显，国家维持法定货币与私人信用货币之间可兑换性的承诺，可以增加后者的信用度和品质。实际上，发行银行券的主要

1 《马克思恩格斯文集》第 7 卷，人民出版社 2009 年版，第 454 页。

2 cf. Suzanne de Brunhoff, *Marx on Money*, Urizen Books, 1976, p.84.

3 《马克思恩格斯文集》第 7 卷，人民出版社 2009 年版，第 584 页。

银行是“国家银行和私人银行之间的奇特的混合物，事实上有国家的信用作为后盾，它们的银行券在不同程度上是合法的支付手段”[1]，特别是那些“不能兑现的银行券，只有在它实际上得到国家信用支持的地方……才会成为一般的流通手段”[2]；危急时刻国家货币的及时注入，也可以有效减轻信用恐慌的程度。

也就是说，货币关系和货币职能矛盾持续存在和不断展开致使现实生活中同时存在的多种货币形式聚集成金字塔形等级结构，而非某种平面空间，从而把货币关系的矛盾与货币品质的维护转换成不同层级货币形式（以及与之相对应的信用机构）之间的联系问题。就信用货币而言，黄金或国家纸币保证了银行券的品质，银行券通过贴现等方式保证了商业货币的品质，从而把货币作为价值尺度和流通手段的核心矛盾不断转移到货币金字塔的更高层次上；同时，在发达的信用制度和银行制度下，“一定的、和总生产相比为数很小的金属量，竟被认为是制度的枢纽”[3]，必将在再生产的某个阶段引起整个机体的“过敏现象”[4]。货币金字塔如左图所示。

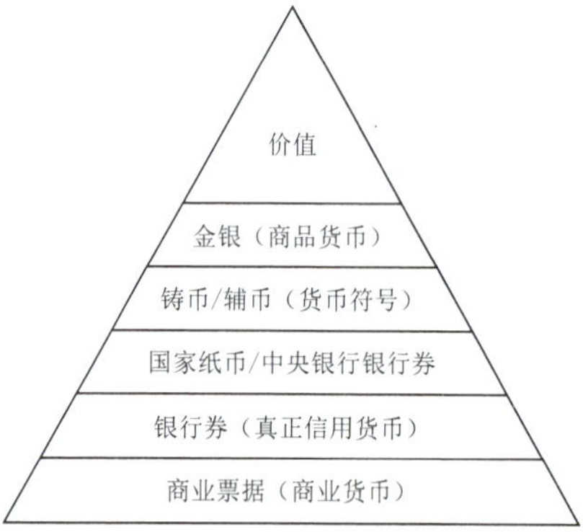

货币金字塔↑

1 《马克思恩格斯文集》第 7 卷，人民出版社 2009 年版，第 454 页。
2 同上书，第 593 页。
3 同上书，第 649 页。
4 同上书，第 648 页。

(二）货币作为资本的贷放

在《资本论》第三卷中，马克思论述了货币的“作为资本来执行职能的使用价值”[1]。我们知道，从商品交换和价值形式演变过程中独立出来的货币为商品世界提供表现价值的材料（价值尺度），以及媒介商品流通（流通手段），并在此基础上发展出支付手段、贮藏手段和世界货币的职能。在资本主义社会，通过与劳动力商品的结合，货币羽化为资本，它“作为资本失掉了自己的僵硬性，从一个可以捉摸的东西变成了一个过程”[2]，同时“由一个一定的价值变为一个自行增殖、自行增加的价值”[3]。也就是说，货币向资本的转化赋予资本家一种权力，使他“有可能白白地从工人身上榨取一定量的劳动，占有一定的剩余价值，剩余劳动，剩余产品”[4]。“这样，货币除了作为货币具有的使用价值以外，又取得一种追加的使用价值，即作为资本来执行职能的使用价值……它的使用价值正在于它转化为资本而生产的利润。”[5]这是货币除了作为货币所具有的五种职能之外的第六种职能，它使“货币本身可以作为资本，作为特殊种类的商品出卖，或者说，资本可以在商品或货币的形式上被购买”[6]。

1 《马克思恩格斯文集》第 7 卷，人民出版社 2009 年版，第 378 页。
2 《马克思恩格斯全集》第 30 卷，人民出版社 1995 年版，第 220 页。
3 《马克思恩格斯文集》第 7 卷，人民出版社 2009 年版，第 378 页。
4 《剩余价值理论》第 3 册，人民出版社 1975 年版，第 504 页。
5 《马克思恩格斯文集》第 7 卷，人民出版社 2009 年版，第 378 页。
6 《剩余价值理论》第 3 册，人民出版社 1975 年版，第 504 页。

从运动形式上来看，货币在执行其作为资本的第六种职能时表现为单纯的贷放行为，用公式可以表示为G—G，这一看似不起眼的资本商品的转手，具有重大的理论意义和现实意义。在《资本论》第一卷，马克思从生产组织变迁的角度考察了从简单协作向以分工为基础的手工工场、再到以机器为基础的大工业的发展。这一过程意味着劳动与资本从形式隶属转向实际隶属，也要求职能资本家必须首先通过积累，在达到一定数额、“门槛”之后才能顺利实现对雇佣工人的剥削。一旦我们在职能资本家和工人的纯粹模型中加入货币经营者和货币资本家，那么，对前者来说，痛苦的资本积累过程就可以大大缩短，只要有利可图，只要能够支付利息，通过信用，生产甚至可以在更大的规模上进行。实际上，马克思早已经观察到如下简单的经验的事实，即“大多数产业资本家都按照不同的比例兼用自有资本和借入资本来从事经营，并且自有资本和借入资本之间的比例在不同的时期是变动的”[1]。

G—G表明，从资本的积累过程中内生出了对货币资本的需求，并且这一需求是通过货币资本家与银行系统实现的，这就给予了货币资本家决定实际投资规模和速度的能力，同时赋予了他们凭借资本所有权参与剩余价值分配的权力。也就是说，货币作为资本的贷放，G的转手使产业资本家获得了生产所需的货币资本，而货币资本家则凭借资本的初始所有权参与了生产过程——决定资本借贷的规模，从而决定再生产进行或扩大的规模，以及仍然保留的资本的最终所有权介入了生产过程——之后对利息的要求。同一资本在这里取得了双重存在，一次是在货币资本家手中作为借贷资本，一次

1 《马克思恩格斯文集》第7卷，人民出版社2009年版，第422页。

是在产业资本家手中作为生产过程中的货币资本；产业资本家的利润也由于货币资本家的介入，分为利息和企业主收入。

（三）借贷资本运动及其矛盾

站在产业资本家的角度看，借贷资本的一次循环要按序经过贷放—购买—生产—出售—偿还五个阶段，马克思把这一完整过程称为“双重支出与双重回流”，用公式可以表示为：G—G—W…P…W′—G′—G″。第一次支出 G—G，表示货币作为资本的使用权由货币资本家转移给产业资本家，是产业资本家以还本付息为条件与货币资本家达成的法律上的约定；在第二次支出 G—W 时，借贷资本执行的是处于产业资本循环过程中货币资本的职能，尽管同一资本在 G—G 和 G—W 上取得了双重存在，但在实际发生作用时，它只执行一次职能，即转化为生产资本，因此也只产生一次利润，“在生产过程本身中，资本作为借贷资本的性质不起任何作用”[1]。当资本仍停留在货币资本家手中时，它就不会生出利息，要使他的货币执行资本的职能，就必须不断地把它贷出去，通过产业资本家预付到再生产过程中；当这一货币额作为资本起作用、要生出利息时，就已经成为产业资本家手上、处于生产过程之中并为他带来企业主收入的货币资本了。

与货币作为资本的双重支出相适应的，是它的双重回流。第一次回流 W′—G′，是商品的惊险跳跃，而在第二次支出与第一次回流之间，包含着商品的生产过程，同时是价值的增殖过程。生产资

1 《马克思恩格斯文集》第 7 卷，人民出版社 2009 年版，第 408 页。

本一旦转化为怀有剩余价值的商品资本，就必须投入流通领域，作为商品来出售，最终完成再生产的全过程。第二次回流 G′—G″，是货币资本的偿还，我们知道，借贷资本的第一次支出是以经过一定时期的回流，并且是作为已经实现的资本的回流为条件的，也就是说，它在回流时已经实现了它的能够生产出利润的使用价值。对于回流的形式，马克思说，“借贷资本的回流采取偿还的形式，因为它的预付、它的让渡，具有贷放的形式”[1]，并且借入者在偿还时是把它作为单纯的货币，而不是把它作为资本来偿还的。

对于货币资本家来说，上述过程远没有那么复杂。从形式上来看，资本的贷放 G—G 只是法律上的交易，“它与资本的现实的再生产过程无关”[2]；与之相对应，它的第二次回流，从形式上看，也仅仅表现为法律上的交易，是第一个交易的补充，是买者和卖者之间契约的结果。也就是说，货币资本家的观念是，“借贷资本的出发点和复归点，它的放出和收回，都表现为任意的、以法律上的交易为中介的运动，它们发生在资本现实运动的前面和后面，同这个现实运动本身无关”[3]。在这里，不借助起中介作用的中间运动，增殖“已经单纯地作为资本的性质，作为资本的规定性，同资本结合在一起。而当资本作为货币资本贷放时，它就是在这种规定性上让渡的”[4]。正因为如此，马克思认为，“在生息资本上，资本关系取得了它的最表面和最富有拜物教性质的形式”[5]，它为不顾再生产的客

1 《马克思恩格斯文集》第 7 卷，人民出版社 2009 年版，第 385 页。
2 同上书，第 389 页。
3 同上。
4 同上书，第 386 页。
5 同上书，第 440 页。

观条件，把资本看作纯粹的自动机，看作自行增长的数字的幻想提供了现实基础，而吞噬一切剩余价值，把它们都转化为债务收入，确实是货币资本家的虔诚愿望。

因此，借贷资本双重支出与双重回流的运动背后包含着四重矛盾：第一重，“在现实的运动中，资本并不是在流通过程中，而只是在生产过程中，在剥削劳动力的过程中，才作为资本存在”[1]，所以，借贷资本的回流取决于再生产的过程，并且是由现实回流，即第一次回流决定的。资本主义社会具有约翰·梅纳德·凯恩斯所说的根本不确定性，在现实的生产过程和流通过程中，由于技术变化和价值革命，预付货币资本的价值并不总是等于生产资本所转移或创造的价值，也不等于商品资本在市场上实现的价值。第二重，在法定回流时间和现实回流时间之间存在巨大张力，前者是在借贷合同中约定的固定时间间隔，后者则是所有生产时间和流通时间的加总，它受到生产条件、管理水平、市场环境等多种因素的影响，没有任何约束会保证现实回流时间始终小于或等于法定回流时间，正因为如此，为投资而进行的融资活动是经济运行中不稳定性的重要来源之一。第三重，借贷资本在第一次支出时，交易双方都是在资本的意义上贷出和借入的，如果借入者不把它作为资本来使用，而是当作收入花费掉或者当作货币贮藏起来，那么，它的连同利息的回流就是不可能的。第四重，即使借入者是把它当作资本来使用的，只要能够支付利息，那么，这个借入者是将它投资于实际的生产过程，从而再生产出利润，还是将它作为商业资本从事商品流通，从而获得让渡利润，抑或是将它以更高的利息率再贷出去，甚

1 《马克思恩格斯文集》第 7 卷，人民出版社 2009 年版，第 384 页。

知识链接

利息率

利息只是利润的一部分，利润本身表现为利息的最高界限；利息的最低界限则完全无法规定，它可以下降到任何程度。因此，利息率总是在平均利润率和零之间波动，竞争本身在这里起决定作用。利息率还会随着借款人提供的担保的种类不同、借款时间的长短不同而变化。

至进行虚拟资本的投机，丝毫不影响贷出者对利息的要求和占有，但是对于整个社会经济而言，结果大不相同。

（四）借贷资本的过度积累

借贷资本积累表现出两面性和复杂性，它既可以与产业资本的运动相联系，形成现实循环，又可以与之相分离，形成金融循环：通过双重支出与双重回流，它“介入”现实循环——产业资本家确实是这么认为的，因为他作为执行职能的资本的代表此时与作为资本所有权代表的货币资本家相对立；借贷资本没有内容和概念而自行增殖的过程是它的金融循环——这对货币资本家来说同样正确，因为在利息身上看不到关于它起源的任何痕迹，资本的运动被简单化了，生产过程和流通过程的省略使“创造价值，提供利息，成了货币的属性，就像梨树的属性是结梨一样”[1]。根据马克思的研究，可以把借贷资本积累与现实积累的关系及其结果归纳为以下四个方面：

第一，作为现实积累结果的借贷资本积累。借贷资本及其幼仔的回流以产业资本现实积累的顺利进行和扩大为条件，随着利润总额的扩大，只要利润率没有显著下降，作为利润扣除的利息也会随之增加。而随着积累产生的利润中用于资本家个人消费的部分在消费以前会作为存款，构成银行家的借贷资本。因此，“随着信用事业及其组织的发展，甚至收入的增加，即产业资本家和商业资本家消费的增加，也表现为借贷资本的积累”[2]，其他阶级逐渐花费的收入，也是如此，如土地所有者获得的地租、非生产阶级的收入等。即使利润中准备用于积累的部分，只要由于某种原因不被立即用来扩大再生产——如未达到由生产的技术特征所要求的最低资本额，或者某一产业资本已经饱和，这些等待积累的资本就会停留在货币形式上，被货币资本家转化为借贷资本。借贷资本的积累还是“……这里，借贷货币资本的积累，一方面表示现实的积累……另一方面只是表示产业资本家转化为单纯的货币资本家的程度”[3]。

有价证券在危机中的贬值也会成为借贷资本积累的有力手段。马克思指出，瑞士商人茨维尔兴巴特先生和巴黎的路特希尔德男爵就曾合伙干过这样的买卖，即货币资本家在有价证券价格下降时将

1 《马克思恩格斯文集》第7卷，人民出版社2009年版，第441页。
2 同上书，第570页。
3 同上书，第573页。

其大量购进，在危机以后的阶段，当生产恢复并超过正常水平时，再将价格已经上涨的证券卖掉，从而占有公众手中的一部分货币[1]，借贷资本的这种积累也是作为现实积累的结果出现的。

第二，与现实积累相伴随却和它完全不同的要素造成的借贷资本积累。银行作为产业资本家的出纳业者，会将货币资本在循环过程中的一切漏出转化为借贷货币资本，这包括每个生产者和商人作为准备金保存的或在支付中得到的货币、由于生产要素和原料等价格的下降而游离出来的资本，以及定期提取的折旧基金等。从经济周期的角度看，在营业已经开始好转但还不需要货币资本家介入的时期，商业信用相对独立于银行信用，货币回流顺畅，“依赖他人信用资本的投机家，这时还没有出场；用自有资本进行经营的人，距离近乎纯粹的信用经营还很远……借贷资本过剩同再生产过程的新扩大结合在一起，伴随着后者，但不是后者的原因”[2]。

第三，现实积累停滞时的借贷资本积累。在危机以后周期开始的那个阶段，“以前用在生产和商业上的货币资本，表现为闲置的借贷资本……借贷资本过剩，正好是现实积累的相反表现”[3]。更为糟糕的是，在营业中断、企业破产的场合，资本就会以货币的形式游离出来，直接表现为借贷资本的积累。

第四，通过各种纯技术性手段实现的借贷资本积累。事实上，通过银行业务的扩大和集中、流通准备金或私人支付手段准备金的节约等技术性手段也能实现借贷资本的积累。在商品流通过程中，

1 参见《马克思恩格斯文集》第 7 卷，人民出版社 2009 年版，第 531 页。
2 同上书，第 561 页。
3 同上。

同一货币额根据它的流通速度可以完成许多次的购买，同样的道理，它也可以实现许多次的借贷。在这种信用制度下，“一切东西都会增加一倍和两倍，以至变为纯粹幻想的怪物一样”[1]，甚至连银行的准备金也都可以是虚拟的。此外，危机时银行法（1844 年英国的银行法）的暂停实施，使英格兰银行可以不受准备金的限制发行任意数量的银行券，从而创造出任意数量的货币资本来贷给各个银行和汇票经纪人，并且通过他们贷给产业资本家，使一国的借贷资本供给几乎具

1 《马克思恩格斯文集》第 7 卷，人民出版社 2009 年版，第 535 页。

1851 年的英格兰银行 文化传播 / 供图↑

有无限弹性，可以满足一切贷款者的需求。

五、虚拟资本与金融循环

虚拟资本产生于资本化过程。由于虚拟资本能够在流通市场上买卖，从而获得价值补偿，因此部分地具有商品的性质。但是虚拟资本作为商品，其价格的运动独立于它代表的实际资本，更何况在大多数情况下它根本不代表任何资本，这就决定了虚拟资本的积累是由与现实积累几乎完全不同的因素决定的，它反映的积累规模必然要远远大于现实资本的积累规模。

（一）资本化过程和虚拟资本的本质

虚拟资本是“一切颠倒错乱形式之母”[1]的生息资本造成的假象。马克思指出，虚拟资本产生于生息资本的这样一种规定，即每一个确定的、有规则的货币收入都表现为资本的利息。也就是说，每个价值额只要不作为收入花费掉，就都会表现为资本，能够生出可能的或现实的利息。反过来，货币收入首先转化为利息，有

1 《马克思恩格斯文集》第7卷，人民出版社2009年版，第528页。借贷货币资本和生息资本是随着信用制度逐渐发展起来的资本形态，在《资本论》第三卷中，马克思经常变换着使用这两个名词，它们实际上都是用来贷放、作为商品的资本，二者的区别仅仅在于“生息资本只有在借贷货币实际转化为资本并生产一个余额（利息是其中的一部分）时，才证明自己是生息资本”。《马克思恩格斯文集》第7卷，人民出版社2009年版，第428页。

了利息，然后得出产生这个货币收入的资本，而不论这一资本是否现实存在，马克思称这一过程为“资本化”。用马克思的例子来说，假设年平均利息率为5%，则单位为100的借贷货币资本每年可以获得100×5%=5单位的利息；反过来，如果每年都能获得5单位的固定收入，那么，就可以看作100单位的资本所提供的利息（借贷资本）或利润（职能资本）。

在现实生活中，这些幻想的资本以各种各样有价证券的形式存在，既然虚拟资本是纯粹幻想出来的，那么，它就与现实的生产过程也就是资本实际发生增殖的过程没有任何联系，这里，马克思再一次提到了“资本是一个自行增殖的自动机的观念”[1]。也就是说，和生息资本的场合一样，虚拟资本在运动中也存在着自我膨胀的倾向和要求。

虚拟资本是指独立于现实的资本运动、以有价证券的形式存在、能给持有者带来一定收入的资本，如期票、汇票、股票、国债券、不动产抵押单等。图为美商上海电力公司股票　海峰 / 供图↑

1 《马克思恩格斯文集》第7卷，人民出版社2009年版，第529页。

（二）虚拟资本的类型及其价格运动

通过资本化过程形成的虚拟资本，如有价证券等，根据定义，仅仅是取得未来预期收益的书面凭证，但是因为它具有价格，并且能够通过在金融市场的买卖获得价值补偿，因此又被赋予了客观实在的外表，根据马克思的论述，可以将它们分为以下四种类型。

第一种，股票和债券。股票和债券都直接代表着一笔将要在企业中作为资本来使用的货币额，但是没有支配它们的权力，也不能随时提取，它们或以股息或以利息的形式分得企业利润的一部分，因此是剩余价值的相应部分的所有权证书，是“现实资本的纸制复本”[1]。正因为如此，马克思强调，“这个资本不能有双重存在:一次是作为所有权证书即股票的资本价值，另一次是作为在这些企业中实际已经投入或将要投入的资本”[2]，它们只存在于后一种形式当中。也就是说，有价证券尽管与现实资本相分离，但是依旧代表着现实资本，虽然它们可以买卖，但是本身没有价值，仅仅是权利证书。符合这一特征的还有不动产抵押单，它是有权获得未来地租的凭证。

第二种，国债券。国债代表私人对政府的债权，它的持有者每年能够从国家的税收中获得一定的金额，这种资本是“把国家付款看成是自己的幼仔（利息）的资本，是幻想的虚拟的资本”[3]。由

1 《马克思恩格斯文集》第 7 卷，人民出版社 2009 年版，第 540 页。

2 同上书，第 529 页。

3 同上书，第 527 页。

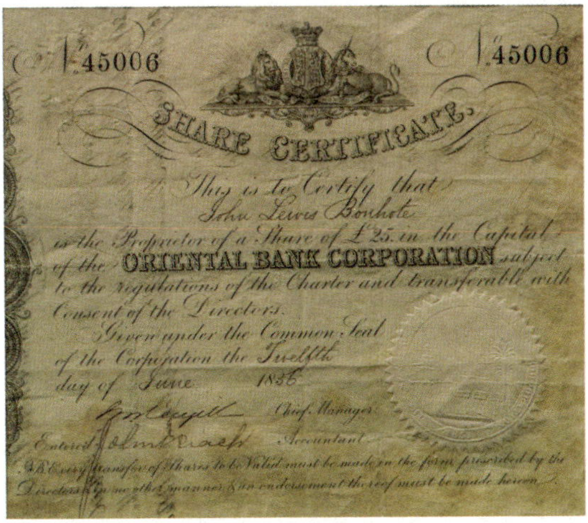

于国债资金主要用于政府的各种非生产性支出，如平衡财政收支、筹措军费、偿还旧债、转移支付等，因此它“不是要作为资本支出的，不是要作为资本投下的”[1]，也就不会在运动中生产出价值和剩余价值，并且“资本本身已经由国家花掉了，耗费了。它已不再存在”[2]，所以国债券根本不代表任何现实资本，甚至“负数表现为资本”[3]。正因为如此，较之股票和公司债券，国债券的虚拟性更大，起初它还代表着一定量的货币额，但随后这一货币额就进入非生产领域，被当作当期收入消耗掉了，剩下的仅仅是对国家未来生产的财富的权利证书。另一方面，国债券也可以在流通市场上转手，这对于它的持有者来说意味着本金的回流，站在其购买者的角度来看，是将自己的货币作为能够带来定期收益的资

股票是股份公司为筹集资金而发行给各个股东作为持股凭证并借以取得股息和红利的一种有价证券。图为英国丽如银行股票　左冬辰 / 供图↑

1 《马克思恩格斯文集》第 7 卷，人民出版社 2009 年版，第 527 页。
2 同上。
3 同上。

本投入的。

第三种，通过证券化技术产生的有价证券。在《资本论》第三卷的一个脚注里，恩格斯描述了当时出现的三类新公司，一是通过发行股票建立的专门从事外国国家证券、英国市政债券等有价证券买卖的“金融信托公司”，它类似于今天金融市场上形形色色的投资机构，如互助基金、对冲基金等；二是将发行的股票分为优先股和普通股，从而将“可靠的投资”与“真正的投机”区分开来的股份公司；三是在购入企业股票之后再以这些股票的名义价值为基础，发行新股票并将其分为优先股和普通股的机构，通过这种方式，就将原来的股票增加了一倍甚至更多。这一过程类似于 20 世纪七八十年代发展起来的证券化技术。我们知道，当金融机构将一笔资金贷出去之后，它的回流不但要受到法定回流期限的制约，而且受现实回流的影响，同时存在合同违约不能收回的风险，尤其是对一些投资周期较长的项目而言——如房屋抵押贷款等，这意味着金融机构的资金将被长期占用。如果将这些贷款中符合一定条件的贷款集中起来组成一个资产池，以它定期产生的现金流为支撑发行新的有价证券，即创造出新的虚拟资本，那么，金融机构就能在贷款到期前收回先前投入的资金。实际上，马克思对资本化过程的描述给虚拟资本的膨胀留下了巨大的想象空间，由生息资本造成的假象使任何持续的现金流都可以成为证券化的对象，从而创造出虚拟资本。

第四种，金融衍生工具（金融衍生品）。金融衍生品和资产证券化一样，是金融创新的产物，起初是为了规避风险和防范不确定性而设计的。最常见和最基本的金融衍生品包括期货合同、期权合同、远期合同和互换合同等。我们之所以把金融衍生品看作最高等级的虚拟资本，首先是因为在这些金融产品上已经完全看不到现实生产的痕迹和与实际资产的联系，甚至连“资本化过程”也消失了，在大多数情况下它们只是买卖的承诺或权利，仅仅是就价格的涨跌打赌。其次，它们在交易时一般只需要交纳少量的保证金就可以签订数额巨大的合同，投机性更强。最后，金融衍生品的价格主要取决于交易者对经济形势和未来价格的判断，具有高度的不稳定性，即原先为了规避风险而设计出来的无现实对应物的制度安排反而成了风险积累和传播的根源。

无论虚拟资本的虚拟程度如何，它们产生于资本化过程或可以买卖这一事实为我们分析这些资本的运动提供了基础。马克思发现，这些有价证券可以在市场上流通给人们造成了这样一种假象，即“好像除了它们能够有权索取的资本或权益之外，它们还形成现实资本。这就是说，它们已经成为商品，而这些商品的价格有独特的运动和决定方法”[1]。一方面，虚拟资本能够带来定期的现金收入，因此是虚拟的货币资本，具有资本的规定性；另一方面，它们又可以像商品资本那样，实现向货币的转化，具有商品的规定性。但是与一般的商品不同，虚拟资本的价值或价格绝不是由现实的再生产过程本身决定的，它们处于再生产过程之外。因此，哪怕现实资本的价值不发生变化，虚拟资本的市场价格仍然会发生变化，即它们的货币价值或资本价值“完全不决定于它们所代表的现实资本的价值”[2]，更何况在国债券、资产证券化的场合，它们根本不代表任何资本。既然如此，从虚拟资本上获得的收益，和借贷资本的情形一

1 《马克思恩格斯文集》第7卷，人民出版社2009年版，第529—530页。

2 同上书，第531页。

样，只能来自对工人阶级创造的价值或剩余价值的重新分配。

虚拟资本的资本价值能够通过买卖得到偿付这一特点，使其和商品资本一样，“作为自在的货币资本，作为可能的货币资本，它总是处在不断的扩张和收缩中”[1]。首先，既然虚拟资本是定期获得的收益按现有利息率计算得出的，那么，它们的市场价值必然会随着它们有权索取的收益的大小和可靠程度而发生变化。其次，随着利息率的提高而下降。再次，由于利息率反映货币市场的紧张程度，在利息率提高时，由于信用的普遍缺乏迫使证券所有者在市场上大量抛售这种证券以便获得货币，证券供给的大幅增加进一步降低了它们的价格。马克思正确地指出，“在货币市场紧迫的时候，这种有价证券的价格会双重跌落；第一，是因为利息率提高，第二，是因为这种有价证券大量投入市场，以便实现为货币”[2]。最后，因为证券的市场价值不是由现实的收入决定，而是由预期得到的、预先计算的收入决定，所以部分地具有投机性，而投机又与获取信用的难易程度成反比。在马克思那个时代，由这种所有权证书的价格变动而造成的盈亏，以及这种证书在铁路大王等人手里的集中，就其本质来说，越来越成为赌博的结果，而银行又把公众的货币资本（借贷资本）大量交给证券经纪人支配，因此，这帮赌棍就繁殖起来。更何况，这些证券本身可能代表一个破产的或具有欺诈性质的企业。

1 《马克思恩格斯文集》第7卷，人民出版社2009年版，第555页。

2 同上书，第530页。

（三）虚拟资本积累与金融泡沫

与借贷货币资本的积累一样，虚拟资本的积累，一方面与现实的积累过程发生联系，另一方面能够形成独立于现实积累的自我维持的金融循环。从股票、债券等形式的虚拟资本可以取得对社会资本的支配权来说，虚拟资本能够通过在一级市场上募集资金，然后转变成职能资本家手中的货币资本，依次完成货币资本、生产资本、商品资本的转化，介入现实资本的循环过程；或者凭借对未来收益的要求权，介入现实资本的循环过程之后。正因为虚拟资本的这一特点，“资本主义社会极有权势的那部分人竭力追求这种积累形式，以便支配生产和积累的实际运动”[1]，这一过程用公式可以表示为：W*—G［—W/W…P…W′—G′］，其中 W* 代表虚拟资本。由于股票、债券等有价证券常常是为大型固定资本融资，所以马克思还认为，“有价证券的量随着固定资本的发展而增加”[2]，“当这些证券的积累表示铁路、矿山、汽船等等的积累时，它们也表示现实再生产过程的扩大”[3]。

但是，也存在与之相反的情形。我们已经指出，虚拟资本的价值会随着利息率的下降而上升，即与利息率的高低成反比，因此，伴随现实积累的资本的有机构成提高和一般利润率下降，会使利息率有不断降低的趋势，“单是由于这个原因，这个想象的财富，就

1 《马克思恩格斯全集》第 49 卷，人民出版社 1982 年版，第 419 页。

2 同上书，第 418 页。

3 《马克思恩格斯文集》第 7 卷，人民出版社 2009 年版，第 540 页。

其原来具有一定名义价值的每个组成部分的价值表现来说，也会在资本主义生产发展的进程中扩大起来”[1]。

上述两种情况下的虚拟资本的积累，一方面可以是现实积累的原因，另一方面也可以表现为现实积累的结果，从总体效果来看，此时虚拟资本的积累与现实积累是同方向变化的。

然而，由于虚拟资本是随着信用制度逐渐发展起来的，它的存在形式得益于不断的金融创新，而受利润驱动的金融创新和资本本身的运动一样，是没有止境的。因此，虚拟资本的规模和范围就其本性来说没有限度，只要一切顺利，单纯靠技术手段就可以将它成倍地增长为一个无法确定的数额。也就是说，虚拟资本也能通过没有现实意义的买卖或创造，形成规模更大的、自我维持的金融泡沫，用公式可以表示为：G—W*—G′—W*—G″……

以国债券为例，它代表的是私人对国家的债权。国债券的增多，无非表明国家债权人的增加，他们有权通过税收的形式占有国家当期和未来创造财富的一部分，因为国债券筹集的资金已经被当作收入花费掉了。但是对它的持有者来说，通过这一代表已经不存在、从而是幻想和虚拟的资本的纸质复本的买卖，可以将它重新转化为货币，并作为资本执行职能，在这种情况下，国债券的积累也表现为资本的积累。马克思惊讶地指出，“连债务积累也能表现为资本积累这一事实，清楚地表明那种在信用制度中发生的颠倒现象已经达到完成的地步”[2]。

马克思、恩格斯的新股票和通过证券化技术创造的虚拟资本，

1 《马克思恩格斯文集》第7卷，人民出版社2009年版，第541页。

2 同上书，第540页。

通过分离和重新组合一些信用程度不高从而流动性较差的证券资产，在采取一些如担保等信用加强手段之后，依靠信用评级机构的重新评级，特殊目的机构/公司（Special Purpose Vehicle，SPV）以此为基础发行的证券就具备了较大的流动性。一旦这些证券顺利售出，它就能收回先前投入的资本转而进行下一次的证券化操作。

金融衍生品的积累更是如此。社会的生产是在历史时间中进行的，并且从过去到将来，只能是单向的，经济行为主体处于不可逆转和不可预知的时空之中。因此，风险和不确定性是以私有制为基础的资本主义社会的固有属性，自然也就产生了对风险控制的需求，甚至包括就价格的涨跌进行的投机和赌博。信用技术和制度的发展使“全部信用，都被他们当做自己的私有资本来利用”[1]，这个“无中生有”的魔术，即金融衍生品的积累带有更大的随意性和投机性。

可见，虚拟资本只有在极少数的情况下才与现实资本发生某种间接联系，仅仅由于它能够买卖从而获得资本补偿这一事实，就使它能够被持有者当作资本来积累。虚拟资本不像生产资本和商品资本那样，必须被束缚在固定的实物形态上，具有较强的流动性，从而刺激了由它的不断创造和交易形成的金融循环可以按照与现实积累极不相同的方向和规模进行，这就是资本主义的“摩洛赫”！[2]

1 《马克思恩格斯文集》第7卷，人民出版社2009年版，第541页。

2 参见《马克思恩格斯文集》第7卷，人民出版社2009年版，第447页。摩洛赫，古腓尼基和迦太基的宗教中的太阳神、火神和战神，祭祀摩洛赫时要用活人作祭品，马克思用它代指残忍、吞噬一切的暴力的化身。

（四）借贷资本与虚拟资本的螺旋

借贷资本和虚拟资本在人们的头脑中牢固地树立起了“资本是一个自行增殖的自动机”的观念，它们都具有脱离现实基础自我膨胀的特点。同时，借贷资本积累与虚拟资本积累之间又存在密切联系。

一方面，马克思强调，“银行家资本的最大部分纯粹是虚拟的，是由债权（汇票）、国债券（它代表过去的资本）和股票（对未来收益的支取凭证）构成的”[1]。也就是说，虚拟资本的积累，“作为资本积累特殊形式的货币积累本身……它仅仅是对现有资本或未来收入（例如国债等等）的所有权证书的积累，——恰恰是这些有价证券构成所谓的货币市场和货币资本的绝大部分”[2]。站在今天的角度看，更是如此。一般商业银行的资产负债表，其资产方主要包括国外资产、储备资产、对政府债权、对中央银行债权、对其他存款性公司债权、对其他金融性公司债权、对非金融性公司债权、对其他居民部门债权等；负债方主要包括各种存款、对中央银行负债、对其他存款性公司负债、对其他金融性公司负债、债券发行等。这些债权和负债主要以交易性金融资产、金融衍生品等形式存在，它们实际代表的资本额必然取决于虚拟资本的不断扩张和收缩，这也是各国十分重视对银行资本监管的重要原因之一，如国际上的《巴塞尔协议》就多次易稿，最终形成对商业银行监管的基本框架，包括

1 参见《马克思恩格斯文集》第 7 卷，人民出版社 2009 年版，第 532 页。
2 《马克思恩格斯全集》第 49 卷，人民出版社 1982 年版，第 506—507 页。

最低资本、资本充足率要求和信息披露等。

另一方面，虚拟资本积累与借贷资本积累之间还能够相互转化。从借贷资本转化为虚拟资本来看，“随着可供支配的货币资本的发展，有息证券、国债券、股票等等的总量也发展了”[1]，因为“国债券也像股票及其他一切有价证券一样，是借贷资本即用于生息的资本的投资领域”[2]。“在一切进行资本主义生产的国家，都有巨额的所谓生息资本或货币资本（moneyed capital）采取这种形式。货币资本的积累，大部分不外是对生产的这种索取权的积累，是这种索取权的市场价格即幻想的资本价值的积累。”[3] 虚拟资本积累的这一特点被那个时代恩格斯所谓的金融信托公司大大发展了，这种公司通过股票认购的方式筹集资本，专门从事有价证券的买卖，主动地做一些投机。就虚拟资本转化为借贷资本而言，虚拟资本也可以通过出售、抵押贷款等方式获得货币补偿，转化为货币资本，因此，虚拟资本的膨胀也在一定程度上反映了借贷资本的增加。

总之，借贷货币资本的积累构成虚拟资本积累的基础，而虚拟资本的发展反过来刺激了借贷货币资本的积累，两者相互促进，相互强化，使资本能够超越时间、空间和物质形态上的局限，实现利润的最大化[4]。如果再引入现实资本积累，我们就可以勾勒出包含实

1 《马克思恩格斯文集》第 7 卷，人民出版社 2009 年版，第 578 页。

2 同上书，第 542 页。

3 同上书，第 531 页。

4 参见陈享光、袁辉：《金融资本的积累与当前国际金融危机》，《中国人民大学学报》2009 年第 4 期。

体经济和金融领域的完整运动图景（见下图[1]），后者不但可以为前者提供“第一推动力和持续的动力”，而且设法“获得一种惊人的能力来重新证明自己在产业资本面前的自治，甚至能够迫使后者不得不接受某些自己的特殊规则”[2]。所以，无论是实体经济的脱实向虚，还是金融领域的自转空转，都将给社会经济带来巨大损失。

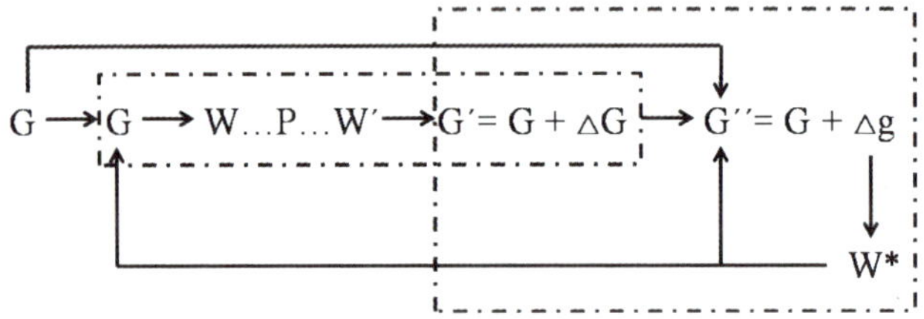

借贷资本、虚拟资本与现实资本的循环和积累↑

六、土地两权与地租

在资本主义社会，土地作为重要的生产资料，也是私有的。于是在农业生产中，存在土地所有权和经营权（简称“土地两权”）的分离，以及与之相对应的“构成现代社会骨架的三个并存的而又互相对立的阶级——雇佣工人、产业资本家、土地所有者”[3]。根据

1 图式中 G、G′、G″ 均表示一定量的货币资本，W…P…W′ 表示从生产资本到商品资本的生产过程，△ G 是产业工人创造的剩余价值，△ g 是以利息、股息等形式存在的剩余价值的转化形式，W* 是虚拟资本。

2 ［法］沙奈等:《金融全球化》，齐建华、胡振良译，中央编译出版社 2001 年版，第 2 页。

3 《马克思恩格斯文集》第 7 卷，人民出版社 2009 年版，第 698 页。

知识链接

地租

不论地租的特殊形式如何（级差地租、绝对地租、矿山地租、建筑地段地租等），一切类型的地租都是土地所有权在经济上借以实现即增殖价值的形式。正因为如此，地租的量完全不是由地租获得者的参与所决定的，而是由他没有参与、和他无关的社会劳动的发展决定的。

地租产生的原因和条件，可以分为级差地租和绝对地租，但它们都源自农业工人创造的剩余价值。

（一）级差地租的两种形式

作为租地农场主的资本家要在一定时期内支付给土地所有者一个货币额，这个货币额统称为地租，它是“土地所有权在经济上借以实现即增殖价值的形式”[1]。而土地所有权的前提是，“一些人垄断一定量的土地，把它当做排斥其他一切人的、只服从自己私人意志

1 《马克思恩格斯文集》第7卷，人民出版社2009年版，第698页。

的领域”[1]。马克思要做的工作，正是要说明这种垄断在资本主义生产基础上的经济价值。

常识告诉我们，土地的自然肥力是不同的，如果把全部土地分为优、中、劣三个等级，那么，通常情况下租种同等面积但肥力不同的土地，交纳的地租额也不同：优等地最高，中等地次之，劣等地最少。如果把地租“看做投在面积相等而肥力不同的土地上的等量资本所具有的不同生产率的结果……是由投在最坏的无租土地上的资本的收益和投在较好土地上的资本的收益之间的差额决定的”[2]，这种地租就是级差地租的第一种形式（级差地租Ⅰ）。土地数量的有限性造成土地经营的垄断，进而阻碍资本的自由流动，特别是流动到农业部门中肥力较好的土地上。因此，与其他产业部门由社会平均生产条件决定生产价格不同，农产品的社会生产价格是由最劣等土地的生产条件决定的，那么，经营优等地和中等地的租地农场主在按照这一价格出售自己的农产品时，就会获得超额利润。此时，土地所有者凭借土地所有权，再把这部分超额利润从农业资本家手中转移进自己的口袋，便形成级差地租Ⅰ。如果生产率的差别是由同等数量的资本连续投在同一块土地上引起的，就形成级差地租的第二种形式（级差地租Ⅱ）。无论级差地租的形式如何，“从一开始就很清楚：带来不同结果的各个等量资本，不管是同时投在同样大的各块土地上，还是相继投在同一块土地上，都不会影响超额利润的形成规律”[3]。列宁曾经总结道，土地经营（资本主义的）

1 《马克思恩格斯文集》第 7 卷，人民出版社 2009 年版，第 695 页。

2 同上书，第 759 页。

3 《马克思恩格斯文集》第 7 卷，人民出版社 2009 年版，第 760 页。

的垄断“是由于土地的有限而产生的，因此是任何资本主义社会的必然现象。这种垄断的结果使粮食价格取决于劣等地的生产条件，而对优等地的投资，或者说，生产率较高的投资所带来的额外剩余利润，则构成级差地租。级差地租的形成和土地私有制毫无关系，土地私有制只是使土地占有者有可能从农场主手中取得这种地租”[1]。

根据已经在《资本论》第一卷阐明的原理，土地作为生产的自然条件，作为生产资

1 《列宁全集》第5卷，人民出版社1986年版，第104—105页。

19世纪60年代的绘画：爱尔兰的地主和农场主。当时爱尔兰的土地被他们所把控　文化传播／供图↑

料，本身不能创造任何价值和剩余价值。“如果对地租有正确的理解，自然首先会认识到，地租不是来自土地，而是来自农产品，也就是来自劳动，来自劳动产品（例如小麦）的价格，即来自农产品的价值，来自投入土地的劳动，而不是来自土地本身。”[1]也就是说，与利润、利息（股息）一样，地租也是剥削雇佣工人（或农民）的结果，土地所有者和资本家一样，都是依靠剥削雇佣工人（或农民）过活的剥削者。

（二）土地所有权与绝对地租

只要土地产品的个别生产价格低于调节市场的社会生产价格，就会产生超额利润并转化为级差地租。在这里，土地所有权的作用“只是商品价格中一个未经它本身参与就产生（确切些说，是由于调节市场价格的生产价格决定于竞争这一点产生的）并转化为超额利润的部分发生转移的原因，即价格的这个部分由一个人手里转移到另一个人手里，由资本家手里转移到土地所有者手里的原因”[2]。此时，耕种最坏的土地不支付地租。但是现实情况是，在资本主义土地私有制的情况下，如果耕种最坏的土地不能提供一个超过生产价格的余额，即地租，它就不会被耕种，那么，“土地所有权就是引起这个价格上涨的原因。土地所有权本身已经产生地租”[3]，这种形式的地租称为绝对地租。在保证租地农场主能够获得平均利润

1 《剩余价值理论》第 2 册，人民出版社 1975 年版，第 158 页。
2 《马克思恩格斯文集》第 7 卷，人民出版社 2009 年版，第 854 页。
3 同上。

的条件下，还要产生一个余额来支付“绝对地租”，这就必然要求农产品的市场价格高于劣等地的生产价格。这种情形是如何产生的呢？

首先需要明白的一点是，当价值转化为生产价格之后，二者的偏离就是常态，“一个商品的生产价格可以高于它的价值，或低于它的价值，只有在例外的情况下才和它的价值相一致”[1]，二者之间的比率，完全由生产它的资本的有机构成决定。当一个生产部门中的资本构成低于社会平均资本构成时，由于使用了更多的活劳动，所以在剥削率相等的情况下，价值会高于它的生产价格；反之亦然。其次，一定生产部门的资本构成低于社会平均资本，无非是说这个特殊生产部门中的社会劳动生产力低于平均水平，活劳动仍然占有较多位置，与工业相比农业就是这样，“这个事实已经由下述情况得到说明：力学各科，特别是它们的应用，同化学、地质学和生理学，特别是它们在农业上的应用的较晚的，并且部分地还十分幼稚的发展比较起来，发展得比较早，而且比较快”[2]，从而使农产品的价值高于其生产价格。再次，“农业上一定量的资本，与同等数量的有社会平均构成的资本相比，会生产较多的剩余价值”[3]，并不是农产品价值持续高于生产价格的原因，竞争以及利润率的平均化会把这个生产部分的超额剩余价值成比例地分配到一切部门，除非这一过程受到阻碍。“如果资本遇到了一种外力，对这种外力，资本只能局部地克服或完全不能克服，这种外力限制资本投入一些

1 《马克思恩格斯文集》第 7 卷，人民出版社 2009 年版，第 858 页。

2 同上书，第 859—860 页。

3 同上书，第 860 页。

特殊生产部门，只有在完全排斥或部分地排斥剩余价值一般平均化为平均利润的条件下才允许资本投入这种特殊生产部门，那么很明显，在这种生产部门中，由于商品的价值超过其生产价格，就会产生超额利润”[1]。最后，“当资本投在土地上时，土地所有权或者说土地所有者，就作为这样一种外力和限制，出现在资本或资本家面前”[2]，它使农业部门排除在利润率平均化过程之外，使最坏的土地也能提供地租——绝对地租。

可见，绝对地租不过是农产品价值高于生产价格的转化形式，其本质在于“在生产上要用土地时，不论是用在农业上还是用在原料的开采上，土地所有权都会阻碍投在土地上面的各个资本的这种平均化过程，并攫取剩余价值的一部分，否则这一部分剩余价值是会进入平均化为一般利润率的过程的。这样，地租就成了商品价值的一部分，更确切地说，成了商品剩余价值的一部分，不过它不是落入从工人那里把它榨取出来的资本家阶级手中，而是落入从资本家那里把它榨取出来的土地所有者手中”[3]。

七、《资本论》第三卷小结

《资本论》第三卷是对资本主义整体的说明。在这里，马克思想要澄清的问题主要不是一般意义上资本和劳动的关系以及利润的

1 《马克思恩格斯文集》第 7 卷，人民出版社 2009 年版，第 861—862 页。
2 同上书，第 862 页。
3 同上书，第 872 页。

源泉，“他在这里要表明的是，统治阶级的各个特定部分如何参与生产性雇佣劳动所生产的剩余价值总量的分配，以及这些特定的经济范畴是如何得到调节的”[1]，同时它们又是如何不断造成资本积累障碍并导致危机的。因此，与第一卷和第二卷抽象地讨论资本的生产和流通不同，在第三卷，马克思考察了资产阶级和土地所有者阶级，资产阶级内部产业资本家、商业资本家和货币资本家之间的竞争，以及他们作为联合起来的整体对工人阶级的剥削，与之相对应，剩余价值也转化或分割为利润、利息、地租等具体形式。

通过展示价值向生产价格的转化过程，即不变资本和可变资本转化为成本价格、剩余价值转化为利润、剩余价值率转化为利润率、在自由竞争的作用下利润率又转化为平均利润率、利润转化为平均利润，最后价值才转化为生产价格。“这样，价格离开价值和利润平均化这一众所周知的、无可争辩的事实，就被马克思根据价值规律充分说明了，因为全部商品的价值总量是同价格总量相符的。然而价值（社会的）变为价格（个别的），不是经过简单的直接的途径，而是经过极其复杂的途径”[2]。同时，利润的来源和资本增殖的秘密、资本对工人的剥削也被一层层掩盖和神秘化了。

商业资本、银行资本和股份资本是产业资本循环中商品资本和货币资本职能独立化和固定化的结果，商业资本获得的商业利润是对产业利润的一种扣除，利息和股息也不过是职能资本家所获利润的一种让渡，它们都是产业工人创造的剩余价值的转化形式。但是

1 ［比］欧内斯特·孟德尔:《〈资本论〉新英译本导言》，仇启华、杜章智译，中共中央党校出版社 1991 年版，第 148 页。

2 《列宁专题文集·论马克思主义》，人民出版社 2009 年版，第 24 页。

商业资本、银行资本和股份资本的独立化运动本身，会在推动资本积累不断突破原有障碍的同时，造成新的矛盾和危机。

地租是土地所有权在经济上的体现。土地供给的有限性使农产品的社会生产价格取决于最劣等土地上的生产条件，并且使投在农业上的资本不参与利润率的平均化过程。土地经营权的垄断形成级差地租，它是个别生产价格超过社会生产价格获得的超额利润的转化形式；土地所有权的垄断形成绝对地租，它是农产品价值超过生产价格的转化形式，它们的本质也都是雇佣工人创造的剩余价值的转化形式。

庸俗经济学家把三位一体公式，即资本—利息，土地—地租，劳动—工资或劳动价格当作自己的出发点，认为“资本、土地和劳动，分别表现为利息（代替利润）、地租和工资的源泉，而利息、地租和工资则是它们各自的产物，它们的果实”[1]，而马克思却要透过各种经济关系的异化的表现形式，揭开遮蔽资本剥削劳动的帷幕，再现资本主义生产方式的基本动力和各种矛盾，并科学预测它的未来命运，为历史唯物主义奠定坚实基础。

1 《马克思恩格斯文集》第7卷，人民出版社2009年版，第924页。

第五章

作为艺术整体的《资本论》

学习领会马克思主义政治经济学基本原理和方法论，有利于我们掌握科学的经济分析方法，认识经济运动过程，把握经济发展规律，提高驾驭社会主义市场经济能力，准确回答我国经济发展的理论和实践问题。

回顾过去100多年的历史，资本主义发生了深刻变革。经过两次世界大战，世界体系积累中心由英国转向美国，1929年大萧条推动了经济学中凯恩斯主义的兴起和繁荣，70年代滞胀危机又导致新自由主义的盛行，出现了货币主义、理性预期学派等经济学说，2008年的国际金融危机则在西方社会掀起了一股回归马克思的热潮，在德国，《资本论》成为圣诞节的最佳礼品，销量比2005年增加两倍。毫无疑问，今天的资本主义与19世纪相比，已经大相径庭，但是凭借对资本主义杰出的病理学分析，马克思揭示了资本积累的根本矛盾及其历史趋势，并为建立一个公平、自由、全面发展的经济社会秩序提供了坐标轴和方向标。他的论述，正如2012年6月19日习近平同志在考察中国人民大学《资本论》教学与研究中心时所说，经受了时间和实践的检验，始终闪耀着真理的光芒。

一、马克思的理论图景与矛盾危机

马克思从资本主义社会大量堆积的商品入手，分析了商品本身包含的矛盾——价值与使用价值、抽象劳动与具体劳动、私人劳动与社会劳动，最终外化为商品与货币的矛盾，并在此基础上逐步构建起科学的理论大厦，包括资本的直接生产过程（第一卷）、广义的资本流通过程（第二卷），以及资本主义生产的总过程（第三卷）；对应地，剩余价值也依次经历了生产、实现与分配三个阶段。也就是说，《资本论》三卷实际上就是资本不断运动、不断展开的过程，是一个完整的理论体系。这个艺术整体牢牢地建立在科学的劳动价值论的基础之上，围绕着剩余价值这一中心，通过它的展现，马克思最终向我们证明，建立在私有制基础之上的资本主义生产方式具有不可克服的矛盾与危机，必然走向灭亡。马克思理论图景的基本逻辑如下图所示。

我们知道，《资本论》的叙述方式是从抽象到具体，随着马克思的论述与现实接近程度的不断提高，抽象的资本、“资本一般”逐渐发展成为“多种资本”。这些资本从单纯形态来研究，可以分为货币资本、生产资本、商品资本、借贷资本和虚拟资本等；从产业的角度来说，可以分为产业资本、商业资本、银行资本、股份资本；从其与实体经济之间的联系来看，又可以分为现实资本和货币

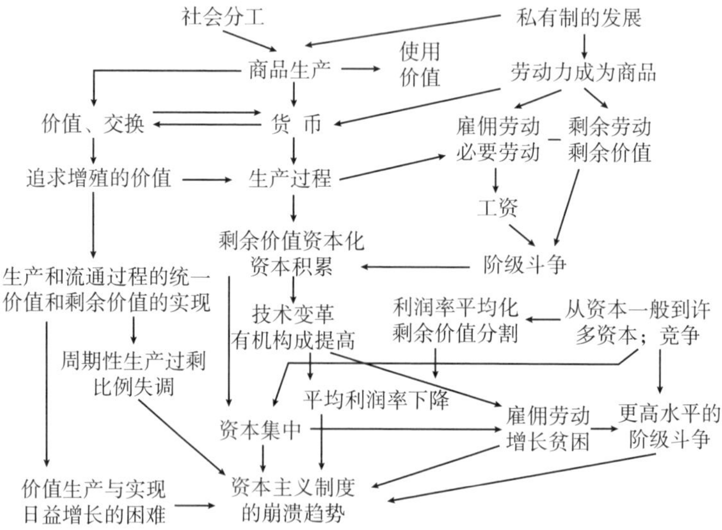

《资本论》三卷的逻辑之一↑

资本。它们的矛盾运动——循环、积累与流动，构成了我们生在其中的、亲历着的现实世界，它们的运动规律——循环周转、社会总资本再生产、利润率波动等，不断重塑着社会经济的基本面貌，如下图所示。

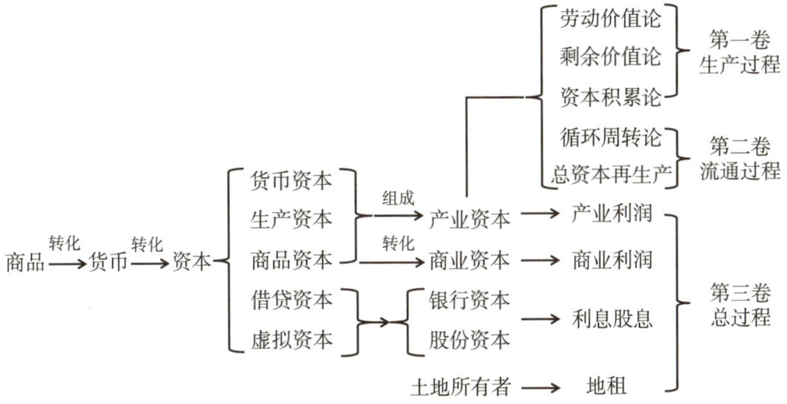

《资本论》三卷的逻辑之二↑

在上图和之前对三卷的导读中，我们至少可以识别出以下经济矛盾与危机：其一，在第一卷中，单是由于货币的出现，使买和卖有可能在时间和空间上分离，危机就已经作为潜在因素如影随形了。更为重要的是，资本积累的一般规律表明，占社会大多数人口的无产阶级的贫困将不可避免地造成生产的相对过剩和有效需求的不足，“社会消费力既不是取决于绝对的生产力，也不是取决于绝对的消费力，而是取决于以对抗性的分配关系为基础的消费力；这种分配关系，使社会上大多数人的消费缩小到只能在相当狭小的界限以内变动的最低限度。其次，这个消费力还受到追求积累的欲望，扩大资本和扩大剩余价值生产规模的欲望的限制”[1]，“一切现实的危机的最终原因，总是群众的贫穷和他们的消费受到限制，而与此相对比的是，资本主义生产竭力发展生产力，好像只有社会的绝对的消费能力才是生产力发展的界限”[2]。其二，在第二卷中，我们遇到了循环过程中资本流动性与固定性的矛盾，加速资本周转的技术变革引起的固定资本周期性贬值的矛盾，两大部类乃至社会生产各部门之间比例失调的危机。最后，在第三卷中，技术进步和资本的有机构成提高会导致一般利润率的下降，货币资本和商品资本的独立化扩大了产业资本的规模并加快其周转速度，却也造成现实资本脱实向虚、借贷资本和虚拟资本自转空转等问题。

总之，“资本主义生产的真正限制是资本自身，这就是说：资本及其自行增殖，表现为生产的起点和终点，表现为生产的动机和目的；生产只是为资本而生产，而不是反过来生产资料只是生产者社会的生活过程不断扩大的手段”[3]。“资本主义生产总是竭力克服它所固有的这些限制，但是它用来克服这些限制的手段，只是使这些限制以更大的规模重新出现在它面前。”[4]这就是资本主义历史局限性的最好体现，也是它将被一个更高的社会阶段所取代的根本原因。在那个更高的社会阶段，资本主义私有制将被彻底扬弃，“社会调节着整个生产”[5]，真正实现“建立在个人全面发展和他们共同的、社会的生产能力成为从属于他们的社会财富这一基础上的自由

1 《马克思恩格斯文集》第7卷，人民出版社2009年版，第273页。
2 同上书，第548页。
3 同上书，第278页。
4 同上。
5 这是马克思、恩格斯在《德意志意识形态》中的设想，《马克思恩格斯文集》第1卷，人民出版社2009年版，第537页。

个性”[1]。

二、《资本论》的崭新因素

经济原指家庭管理。1615年法国重商主义者安托万·德·蒙克莱田在《献给国王和王后的政治经济学》一书中首次使用“政治经济学”，并以此来说明他这本书论述的已经不再是家庭管理问题，而是涉及整个国家的经济问题，比如，工场手工业、商业、航海业和国王的经济政策等。

古典经济学家沿用了政治经济学概念，并在对资本主义经济进行研究的过程中，触及了劳动价值论等基本观点，如亚当·斯密的《国民财富的性质和原因的研究》、大卫·李嘉图的《政治经济学及赋税原理》等，它们成为马克思理论的思想来源之一。马克思指出，“英国古典政治经济学是属于阶级斗争不发展的时期的。它的最后的伟大的代表李嘉图，终于有意识地把阶级利益的对立、工资和利润的对立、利润和地租的对立当做他的研究的出发点，因为他天真地把这种对立看做社会的自然规律。这样，资产阶级的经济科学也就达到了它的不可逾越的界限”[2]。

在此之后，为了迎合不断壮大的资产阶级的要求，政治经济学日益开始庸俗化，即对经济原理正确性的追求让位于“对资本有利还是有害，方便还是不方便，违背警章还是不违背警章”[3]的判断，

1 《马克思恩格斯全集》第30卷，人民出版社1995年版，第107—108页。
2 《马克思恩格斯文集》第5卷，人民出版社2009年版，第16页。
3 同上书，第17页。

从而使以价值论特别是劳动价值论为主流的古典经济学逐渐被生产费用论、主观效用论、均衡价格论所取代。自1890年阿尔弗雷德·马歇尔的《经济学原理》问世以来，“政治经济学”一词开始从西方主流经济学的文献中消失，而由“经济学”代之。

马克思的经济学也是政治经济学，《资本论》的副标题即为“政治经济学批判”，研究的是“资本主义生产方式以及和它相适应的生产关系和交换关系”[1]。马克思运用唯物辩证法，在批判和继承古典经济学理论成果的基础上，建立了科学的劳动价值论，并从这一内核出发，为我们描绘了资本主义经济运行的复杂机制，同时揭示了这一机制不可调和的内在矛盾及其必然灭亡的命运。

这样一个庞大的理论体系，与马克思之前的经济学家有何不同之处呢[2]？马克思在1868年1月8日致恩格斯的信中强调，他的这部书中有三个崭新的因素[3]：

（1）过去的一切经济学一开始就把表现为地租、利润、利息等固定形式的剩余价值特殊部分当做已知的东西来加以研究，与此相反，马克思首先研究剩余价值的一般形式，在这种形式中所有这一切都还没有区分开来，可以说还处于融合状态中。

（2）既然商品是二重物——使用价值和交换价值，那么，体现在商品中的劳动也必然具有二重性……实际上，对问题的批判性理解的全部秘密就在于此。

（3）工资第一次被描写为隐藏在它后面的一种关系的不合理的表现形式，这一点通过工资的两种形式即计时工资和计件工资得到

1 《马克思恩格斯文集》第5卷，人民出版社2009年版，第8页。

2 对此的详细描述和论证，参见《资本论》第四卷即《剩余价值理论》的相关内容。

3 《马克思恩格斯文集》第10卷，人民出版社2009年版，第275—276页。

了确切的说明。

恩格斯指出，正是马克思在前人认为已有答案的地方发现了问题所在，透过现象的层层遮蔽，马克思找到了理解全部资本主义生产的钥匙，即在确定什么样的劳动（抽象劳动）形成价值的基础上，揭示工资不过是劳动力的价值或价格，与预付资本的可变部分相对应，进而详细阐述了剩余价值的源泉以及它的两种形式，只有这样，才能正确理解剩余价值是通过何种机制变形为呈现在我们面前的利润、利息和地租的，以及剩余价值的形成过程和变形机制本身的矛盾、障碍与危机。

三、《资本论》的当代价值

从 1867 年《资本论》第一卷出版至今，已经有 150 多年的历史，作为资本主义杰出病理学家的马克思，对资本主义生产方式的运行和发展作了极为深刻的剖析。列宁强调，“资本主义社会必然要转变为社会主义社会这个结论，马克思完全是从现代社会的经济的运动规律得出的”[1]。同时，《资本论》中的某些原理和规律还具有一定的社会共性，正如习近平同志所指出的，“越是发展社会主义市场经济，越是要求我们必须深刻地去学习和掌握《资本论》所阐述的这些科学的共性原理，并善于运用这些原理去指导社会主义市场经济的伟大实践”[2]。

1 《列宁专题文集·论马克思主义》，人民出版社 2009 年版，第 29 页。

2 习近平：《社会主义市场经济和马克思主义经济学的发展与完善》，《经济学动态》1998 年第 7 期。

（一）正确认识资本的二重性和两面性

2021年12月召开的中央经济工作会议提出，“进入新发展阶段，我国发展内外环境发生深刻变化，面临许多新的重大问题，需要正确认识和把握”，“正确认识和把握资本的特性和行为规律”[1]。2022年4月29日，习近平总书记在主持十九届中央政治局第三十八次集体学习时再次强调，“依法规范和引导我国资本健康发展，发挥资本作为重要生产要素的积极作用”，“在社会主义制度下如何规范和引导资本健康发展，这是新时代马克思主义政治经济学必须研究解决的重大理论和实践问题”[2]。在《资本论》及其手稿中，马克思深刻阐述了资本的本质和特性、运动规律和历史趋势，是历史唯物主义与辩证法的鲜活体现。迈入新征程新阶段，坚持和运用马克思主义立场、观点和方法，厘清资本的二重性和两面性，有利于更好地调整生产关系，促进生产力持续进步。

1. 资本的自然属性与社会属性

据考证，在经济学家使用“资本”（capital）之前，这个词一直是法律和商业上的术语。如果追本溯源，它最初指的是牲畜的头数，到了古希腊和古罗马，常常指一般意义上的财富，而从13世纪的意大利到18世纪的英格兰，资本在大多数情况下表示“所有者或者股东开展一项业务的预付货币”[3]。换句话说，“这个概念实质

1 《习近平谈治国理政》第四卷，外文出版社2022年版，第209、211页。

2 同上书，第217、219页。

3 ［英］杰弗里·霍奇逊：《资本主义的本质：制度、演化和未来》，张林译，格致出版社2019年版，第152页。

上是货币性的，或者指实际的货币，或者指对货币的要求权，或者指用货币估价的某些货物”[1]。

1776年英国古典经济学家亚当·斯密在《国民财富的性质和原因的研究》一书中扩展了资本的外延，使其词义发生了决定性变化。斯密划分了固定资本和流动资本，并不厌其烦地讨论了每种类型应包括哪些，不包括哪些。其中，固定资本包括“一切便利劳动和节省劳动的有用机器与工具”、“一切有利润可取的建筑物”、“用开垦、排水、围墙、施肥等有利可图的方法投下的使土地变得更适于耕作的土地改良费”和“社会上一切人民学到的有用才能”，流动资本则涵盖“各种商家手里的食品、材料、制成品及货币”[2]。从斯密的论述可以看出，除了货币形式，资本还被赋予物质含义和生产含义，后者甚至有取代前者跃居主导之势。斯密对资本概念的调整影响了后来大多数经济学家的认识，以至于由两位诺贝尔经济学奖得主保

亚当·斯密在著作中丰富和发展了“资本”一词的内涵。图为亚当·斯密画像　杨兴斌 / 供图↑

1 [美]约瑟夫·熊彼特:《经济分析史》第1卷，朱泱等译，商务印书馆1992年版，第496页。

2 [英]亚当·斯密:《国民财富的性质和原因的研究》(上卷)，郭大力、王亚南译，商务印书馆1972年版，第258—259页。

罗·萨缪尔森、威廉·诺德豪斯撰写的教科书性质的著作《经济学》这样定义资本，“资本包括一系列大量、专业化的机器、厂房、计算机、软件，等等”[1]，从而成为诸多混乱和争议的根源，如采用物理主义观将遇到资本异质性和加总问题、难以区分资本带来的利润与货币产生的利息等。

马克思的分析触及上述对资本认识的所有方面，同时巧妙规避了由此导致的分歧。在他看来，“资本在历史上起初到处是以货币形式，作为货币财产”，“现在每一个新资本最初仍然是作为货币出现在舞台上，也就是出现在市场上——商品市场、劳动市场或货币市场上，经过一定的过程”[2]就转化为资本。这一过程是“原预付价值不仅在流通中保存下来，而且在流通中改变了自己的价值量，加上了一个剩余价值，或者说增殖了”[3]的运动，即“价值成了处于过程中的价值，成了处于过程中的货币，从而也就成了资本”[4]。进一步剖析这个运动过程，马克思发现，为了实现价值的增殖，资本将依次经过购买、生产和出售三个阶段，对应的，资本也随之采取货币资本、生产资本（包括固定资本和流动资本）和商品资本三种形态。于是，在斯密及其追随者那里，源自货币含义和物质含义的张力在马克思对资本的动态理解中成功消解了，它们不过都是资本增殖过程中需要经常采取而又不断抛弃的经过形态而已。

如果仅仅观察到资本可以表现为货币、生产资料或者商品，即

1 ［美］保罗·萨缪尔森、［美］威廉·诺德豪斯:《经济学》（第十九版，上册），萧琛等译，商务印书馆 2011 年版，第 50 页。

2 《马克思恩格斯文集》第 5 卷，人民出版社 2009 年版，第 171、172 页。

3 同上书，第 176 页。

4 同上书，第 181 页。

它的自然或物质属性，无疑尚未脱离古典经济学的窠臼，马克思的深刻洞见在于揭示这些物质形式背后使资本增殖得以实现的历史特定的社会关系，亦即资本的社会属性。正如他反复阐明的，“资本不是一种物，而是一种以物为中介的人和人之间的社会关系”[1]，“是一定的、社会的、属于一定历史社会形态的生产关系，后者体现在一个物上，并赋予这个物以独特的社会性质”[2]。对马克思而言，同样的劳动过程在不同的社会结构中受到本质不同的目的和动力支配；要理解资本，必须根据它作为社会关系的特性来认识，否则“单纯从资本的物质方面来理解资本，把资本看成生产工具，完全抛开使生产工具变为资本的经济形式，这就使经济学家们陷入种种困难之中”[3]，闹出每个用石头投击飞禽的野蛮人都是资本家的笑话。那些一切生产方式共同具有的、每一个生产过程都要耗费的物质要素，如纺纱用的棉花、纺纱机和劳动力以及购买它们预付的货币，只有在资本主义生产方式下才体现为资本的特殊化身，纯粹为获取利润、增殖资本服务。资产阶级经济学家总是有意或无意回避这一点，他们只关注生产中使用的各种原料、劳动工具和生活资料，而不去探讨将这些要素结合在一起、实现价值增殖的机制，当然也就不会真正理解资本的行为规律。

总之，“社会生产过程既是人类生活的物质生存条件的生产过程，又是一个在特殊的、历史的和经济的生产关系中进行的过程，是生产和再生产着这些生产关系本身”[4]，也就决定了，一方面，资

1 《马克思恩格斯文集》第 5 卷，人民出版社 2009 年版，第 877—878 页。
2 《马克思恩格斯文集》第 7 卷，人民出版社 2009 年版，第 922 页。
3 《马克思恩格斯全集》第 30 卷，人民出版社 1995 年版，第 594 页。
4 《马克思恩格斯文集》第 7 卷，人民出版社 2009 年版，第 927 页。

本表现为价值增殖过程中必然要采取和经历的特定物质形式，这一自然属性为一切社会形式所共有；另一方面，资本又必然与“一定社会形式结合在一起、并且表现在这个社会形式上”[1]，具有社会属性。马克思、恩格斯认为，物质条件和物质形式是一定社会关系的承担者，自然属性只是社会属性的媒介物，只见物不见人（和关系），那是庸俗经济学做的事情。

2. 资本的文明面与历史局限性

根据唯物史观，“剩余劳动一般作为超过一定的需要量的劳动，应当始终存在”[2]，它们是扩大再生产和社会进步的基础。其中，既定的生产力水平决定了一般剩余劳动的内容和规模，它突出体现在劳动工具的发展和变化上（资本自然属性的特定形式）；生产关系则体现对一般剩余劳动占有和支配的方式，它或者是生产力的助推剂，或者成为生产力的桎梏。在资本主义社会，工人在资本家的监督下劳动，剩余劳动表现为雇佣工人创造但是被资本家无偿占有的剩余价值，资本与劳动之间的关系从根本上是对抗性的。马克思把生产剩余价值或赚钱视为资本主义生产方式的绝对规律，并在此基础上考察了市场配置资源的动态效率，以及资本主义生产方式的文明面，同时提供了对该生产方式的病理学分析，揭示出它的历史局限性以及必然要被更高级的新生产方式所取代的趋势。

在《资本论》中，马克思将获取剩余价值的方法划分为两种，即绝对剩余价值生产和相对剩余价值生产，并且认为随着18世纪产业革命的兴起，资本主义引入了机器体系和工厂组织，得以摆脱

1 《马克思恩格斯文集》第7卷，人民出版社2009年版，第924页。

2 同上书，第927页。

简单协作和工场手工业的狭隘，进入以机器大工业为基础和特征的资本主义生产，相对剩余价值生产也就成为最主要的获取剩余价值的方法。

既然相对剩余价值生产取决于“缩短再生产劳动力价值所必要的工作日部分”[1]，那么，为了达到这一目标，生产力的提高必须扩展到那些产品决定劳动力价值的产业部门（生活资料），以及那些为生产必要生活资料提供不变资本物资要素（劳动资料和劳动材料）的产业部门，大体上意味着全社会生产力的普遍进步。因此，“提高劳动生产力来使商品便宜，并通过商品便宜来使工人本身便宜，是资本的内在的冲动和经常的趋势”[2]，而在现实世界中，这一冲动和趋势又是通过企业之间的市场竞争实现的：个别资本家率先引入改良的生产方式可以使他比同行业的其余资本家占有更多剩余价值，并在市场中占据优势地位；在竞争压力和主

18 世纪，英国发生工业革命，生产力获得飞快发展，成为资本主义强国。图为英国工业革命时期制造的织袜机　张庆民 / 供图↑

1 《马克思恩格斯文集》第 5 卷，人民出版社 2009 年版，第 366 页。

2 同上书，第 371 页。

观贪欲的双重作用下，竞争者也会千方百计采用这一新的更有效率的生产方式；一旦该过程扩散和普及开来，势必导致全社会劳动生产力的不断提高和构成劳动力价值要素的商品变得便宜。与这一过程同时发生的，是资本不仅把“单纯的自然力——如水、风、蒸汽、电等——变成社会劳动的力量”[1]，而且“科学因素第一次被有意识地和广泛地加以发展、应用并体现在生活中，其规模是以往的时代根本想象不到的”[2]。

另一方面，为了顺利出售生产出来的商品，实现其中包含的价值和剩余价值，资本家甚至“寻求一切办法刺激工人的消费，使自己的商品具有新的诱惑力，强使工人有新的需求等等”[3]。法国调节学派对第二次世界大战结束至20世纪70年代福特主义积累体制的研究表明，劳动生产率提高与实际工资增长、大规模生产与大规模消费在一定条件下可以同时实现，促成了战后的黄金年代。[4]当然，在工人为现有价值增殖需要而存在的生产方式下，“劳动价格的提高被限制在这样的界限内，这个界限不仅使资本主义制度的基础不受侵犯，而且还保证资本主义制度的规模扩大的再生产”[5]。除此之外，“不断扩大产品销路的需要，驱使资产阶级奔走于全球各地……开拓了世界市场，使一切国家的生产和消费都成为世界性的了”[6]。这样一来，马克思就科学论证了市场竞争的动态效率和全球资本主

1 《马克思恩格斯文集》第8卷，人民出版社2009年版，第279—280页。
2 同上书，第359页。
3 《马克思恩格斯全集》第30卷，人民出版社1995年版，第247页。
4 参见孟捷:《战后黄金年代是怎样形成的？——对两种马克思主义解释的批判性分析》,《马克思主义研究》2012年第5期。
5 《马克思恩格斯文集》第5卷，人民出版社2009年版，第716页。
6 《马克思恩格斯文集》第2卷，人民出版社2009年版，第35页。

义的形成，揭示出资本主义生产方式在促进生产力发展方面的历史进步性。

通过相对剩余价值生产从而获得剩余价值增长和生产力进步往往是硬币的一面，资本积累进程中也包含着无法克服的矛盾冲突。一是对工人来说，体现科学、自然力和群众性劳动的机器体系反过来变成与自身相独立和相异化的存在，它消灭了工作时间的道德界限和自然界限，不但创造出无限延长工作日的强大动机，而且迫使工人在相同的时间内增加劳动消耗，提高劳动的紧张程度。更重要的是，在积累进程中，充分利用新发明和新手段的追加资本，以及旧资本在新的技术条件下的更新，必然引起资本的有机构成提高和对劳动需求的减少，以及产业后备军的持续增加和无产阶级贫困的深度累积。马克思将其视为经济学上的悖论，即那些“缩短劳动时间的最有力的手段，竟变为把工人及其家属的全部生活时间转化为受资本支配的增殖资本价值的劳动时间的最可靠的手段”[1]。二是对资本而言，一方面，同一产业内部资本之间的竞争在促使单个资本家推动技术进步、提高劳动生产率的同时，造成利润率的多样化，由此带来优胜劣汰和产业集中度的提高以及社会财富在少数人手中集中；另一方面，由于资本的有机构成不同而产生的不同产业利润率的差异会吸引资本从利润率低的部门流向利润率高的部门，按照等量资本获得等量利润的要求参与剩余价值的分配，这种产业间的竞争和流动会造成利润率的平均化和平均利润率的下降趋势，加深资本积累的矛盾，20 世纪 70 年代以来西方主要资本主义国家经历的经济金融化及其危机就充分揭露了资本家之间“假兄弟”的伪善

1 《马克思恩格斯文集》第 5 卷，人民出版社 2009 年版，第 469 页。

面孔。三是就生产的自然条件考察，在资本逐利动机的控制下，自然资源的使用和与自然界的物质交换都服从短期内获得最大利润的需要，如马克思认为“资本主义农业的任何进步，都不仅是掠夺劳动者的技巧的进步，而且是掠夺土地的技巧的进步”[1]，从而导致自然资源和生态环境的过度消耗，出现一种不可修复的断裂。四是就资本积累的全球后果看，资本的空间扩张和激烈竞争并未实现主流理论宣称的经济增长的收敛与趋同，反而通过不平等交换和国际价值的转移形成中心—外围式的层级结构，将发展中国家锁定在技术含量低、附加值少、资源环境消耗大的产业或产业区段，并借助货币金融领域的优势，系统性地把价值转移至发达国家，引发日益深重的全球不平等和失衡。

（二）对发达资本主义国家发展历史与趋势的认识

第二次世界大战以后，福特主义通过大众消费把雇佣劳动纳入社会财富再生产的大循环，工业资本与商业资本创造的繁荣共同把资本主义带入了一个短暂的黄金时期。但是，到了 20 世纪 60 年代末，生产能力的扩张遇到了瓶颈，国家间的竞争日趋激烈，新市场的开拓愈加困难，而为了降低成本进行的裁员削减了社会的消费能力，加上石油危机的冲击，福特主义特有的积累模式与调节方式之间的矛盾变得越来越尖锐。

为了应对积累体制与调节方式之间的矛盾，西方主要资本主义国家纷纷转向新自由主义政策，从而刺激了金融部门的迅速崛起，

1 《马克思恩格斯文集》第 5 卷，人民出版社 2009 年版，第 579 页。

知识链接

金融化

学界对金融化存在不同理解，比如，股东价值取代利润最大化原则成为公司治理模式中的核心要素；使用大量新金融工具的金融交易的爆炸性增长；积累模式的转变，在新的积累模式中，利润日益来自金融渠道而非商品生产与贸易；更为宽泛的，金融化意味着金融动机、金融市场、金融行为者和金融机构在国内国际经济中的地位不断上升。

使资本主义积累过程呈现出金融化的特征：一方面，投资银行、保险公司、互助基金等非银行金融机构的重要性不断提升，金融工具及金融产品的数量和种类持续膨胀，银行等传统金融部门也不失时机地渗入金融市场从事有价证券的买卖，金融部门的从业人数出现了绝对增长，其增加值在GDP中的比重稳步增加；另一方面，非金融机构，如企业、家庭为了适应和满足金融部门的积累要求，也改变了自身的行为方式。

随着越来越多的机构和个人以股票、债券等有价证券的形式持有企业资本的一部分，股东财富最大化的治理逻辑开始逐渐占据主导地位，而股票、期权等激励手段又建立起了管理层与金融市场的密切联系。金融市场的短视性和动物性已经被大多数经济学家所接受。如果以有价证券市场价格的波动来衡量股东财富和公司的经营业绩，那么，对大多数企业而言，长期投资和战略调整变得更加昂贵，从而产生对实物投资的挤出效应。同时，由于实物投资和现实积累受到生产的物质、技术条件和市场环境的制约，具有一定的周期性和不确定性，往往不能满足金融机构和金融市场对流动性和利润的双重要求。在这种情况下，非金融企业本身也越来越多地通过设立金融机构，间接或者直接地参与金融活动，以寻求资本的快速增殖。当企业的管理者将目光集中在波动的股票价格上，当企业逐渐减少实物投资、增加金融投资的时候，企业的分配结构也随之发生深刻的变化，即通过利息、红利、期权等形式对金融市场、金融机构乃至管理者的支付日益增加了。

对家庭部门而言，使用价值是追求的最终目标，家庭通过劳动获得一定数量的货币，用来购买商品和劳务，实现劳动力的再生产，同时将剩余的货币储存起来，以备不时之需。但是，由于资本的回归、实际工资的停滞，加上社会福利在住房、教育、养老供给方面的萎缩，迫使工人增加了对作为支付手段的货币的依赖。另外，为了提升利润率，金融机构开始将目光转向个人，对其进行“金融掠夺”和二次剥削。在这两个因素的共同作用下，首先，居民储蓄在长期中下降了，并且原本不多的储蓄通过国家政策引向了金融市场；其次，廉价的信贷使工人阶级中较贫困的人群也能够通过各种贷款享受住房等耐用消费品；再次，如果金融机构只针对私人进行借贷，那么，在实际工资停滞的情况下，它们通过窃取工资收入来增加自身利润的做法将受到很大限制，因此，资产泡沫作为一种必要的辅助手段出现了；最后，居民的日常消费也随着信贷门槛和成本的降低而不断增长，这些现象都反映了个人与金融体系的紧密融合。

从马克思的理论视角来看，金融化条件下，产业资本和金融资本之间的关系发生了改变。在马克思那个时代，总的来说，借贷资本和虚拟资本是从属于产业资本的；到了20世纪初，银行变成了万能的垄断者，但还是要与产业资本融合在一起；在金融化过程中，金融部门和实际部门不断分离，并且前者获得了支配地位。这一动态变化过程的动力源自资本积累本身。随着福特主义的瓦解和战后黄金年代的终结，在缺乏新投资领域的情况下，实体部门的资本边际效率递减，资本必须重新寻找到合适的获利方式。短期来看，由于金融工具和服务的价格会随着资本的流入而持续上升，因此金融部门变成了过剩资本和财富的巨大吸收器。但是，金融部门不生产任何实际商品，它仅仅再分配了实体部门创造的利润和收入，因此价格泡沫最终会因为缺乏流动性而破灭，最终导致危机，并且通过危机，强制建立起生产与金融的正常联系。在《资本论》第三卷中，马克思在谈到货币资本积累时也曾反思过这样的问题，即"如果没有实际的积累，也就是说，没有生产的提高和生产资料的增长，那么，债权在货币形式上的积累，对这种生产有什么好处呢？"[1]换句话来说，没有一个强大而且极具创新的生产体系（工业，特别是制造业），任何一个先进的经济体都不可能长期繁荣发展。资本主义历史上积累中心的数次转移，2008年危机之后美国的重振制造业政策和德国的"工业4.0"等正是对这一观点的说明和实践。

1 《马克思恩格斯文集》第7卷，人民出版社2009年版，第479页。

（三）对中国道路和发展社会主义市场经济的启示

2015年11月23日，十八届中共中央政治局就马克思主义政治经济学基本原理和方法论进行第二十八次集体学习。2020年8月24日，习近平总书记在主持召开经济社会领域专家座谈会时再次强调："面对错综复杂的国内外经济形势，面对形形色色的经济现象，学习领会马克思主义政治经济学基本原理和方法论，有利于我们掌握科学的经济分析方法，认识经济运动过程，把握经济发展规律，提高驾驭社会主义市场经济能力，准确回答我国经济发展的理论和实践问题。"[1]

在《资本论》这部博大精深的政治经济学巨著中，马克思以商品为切入点，揭示了蕴含在商品中的资本主义生产的基本矛盾，并从微观和宏观两个层面分析了资本的运动过程，阐明了资本主义生产的一系列基本原理和运行规律，它们构成马克思主义政治经济学的骨髓和血脉[2]。在这些原理和规律的共同作用下，资本主义生产——以私有制为基础的市场经济——将不断出现危机，直至被新的、更高的生产方式取代。

基于对马克思主义立场、观点和方法的把握，以及我国国情与发展实践的认识，1992年党的十四大确立了建立社会主义市场经济体制的改革目标，开辟出一条以公有制为主体、把社会主义基

1 习近平:《论把握新发展阶段、贯彻新发展理念、构建新发展格局》，中央文献出版社2021年版，第377—378页。

2 参见习近平:《对发展社会主义市场经济的再认识》，《东南学术》2001年第4期。

本制度和市场经济有机结合的具有中国特色的发展道路。实际上，“无论是私有制的市场经济，还是以公有制为主体的市场经济，只要市场经济是作为一种经济运行机制或经济管理体制在发挥作用，市场经济的一般性原理及其内在发展规律同样都是适用的，诸如价值规律、竞争规律、供求规律、积累规律、社会资本再生产的社会总产品实现规律以及利润最大化原理、提高利润率和积累率的方法、竞争与垄断理论、经济危机理论等等，都同样适用于发展社会主义市场经济的实践”，“马克思主义的政治经济学理论体系依然闪烁着真理的光芒”[1]。

党的十一届三中全会以来，我们党把马克思主义政治经济学的基本原理同改革开放新的实践结合起来，不断丰富和发展马克思主义政治经济学，形成了当代中国马克思主义政治经济学的许多重要理论成果，如“关于社会主义本质的理论，关于社会主义初级阶段基本经济制度的理论，关于树立和落实创新、协调、绿色、开放、共享的发展理念的理论，关于发展社会主义市场经济、使市场在资源配置中起决定性作用和更好发挥政府作用的理论，关于我国经济发展进入新常态的理论，关于推动新型工业化、信息化、城镇化、农业现代化相互协调的理论，关于农民承包的土地具有所有权、承包权、经营权属性的理论，关于用好国际国内两个市场、两种资源的理论，关于促进社会公平正义、逐步实现全体人民共同富裕的理论，等等。这些理论成果，马克思主义经典作家没有讲过，改革开放前我们也没有这方面的实践和认识，是适应当代中国国情和时代特点的政治经济学，不仅有力指导了我国经济发展实践，而且开拓

1 习近平:《对发展社会主义市场经济的再认识》,《东南学术》2001 年第 4 期。

了马克思主义政治经济学新境界”[1]。特别地，“党的十八届五中全会提出要树立和坚持创新、协调、绿色、开放、共享的发展理念……同马克思主义政治经济学的许多观点是相通的”[2]，是习近平经济思想的主要内容。今后，要深入研究世界经济和我国经济面临的新情况、新问题，不断为马克思主义政治经济学创新发展贡献中国智慧。

总之，《资本论》是对资本主义生产方式的深刻揭示，同时触及社会化大生产的一般规律，至今仍具有重要的现实意义。当然，《资本论》本身也是一定历史阶段的产物，不可能穷尽所有真理，需要我们在阅读和研究的过程中不断批判和发展。正如卢卡奇所说的，“假定新的研究完全驳倒了马克思的每一个个别的论点。即使这点得到证明，每个严肃的‘正统’马克思主义者仍然可以毫无保留地接受所有这种新结论，放弃马克思的所有全部结论，而无需片刻放弃他的马克思主义正统……马克思主义问题中的正统仅仅是指方法。它是这样一种科学信念，即辩证的马克思主义是正确的研究方法，这种方法只能按其创始人奠定的方向发展、扩大和深化”[3]。党的十九届六中全会在总结百年奋斗重大成就和历史经验时指出：“马克思主义理论不是教条而是行动指南，必须随着实践发展而发展，必须中国化才能落地生根、本土化才能深入人心。”[4]因此，“共

1 习近平：《不断开拓当代中国马克思主义政治经济学新境界》，《求是》2020年第16期。
2 同上。
3 ［匈］卢卡奇：《历史与阶级意识——关于马克思主义辩证法的研究》，杜章智、任立、燕宏远译，商务印书馆1999年版，第48—49页。
4 《中国共产党第十九届中央委员会第六次全体会议文件汇编》，人民出版社2021年版，第96页。

产党人要把读马克思主义经典、悟马克思主义原理当作一种生活习惯、当作一种精神追求，用经典涵养正气、淬炼思想、升华境界、指导实践”[1]。

1 习近平:《在纪念马克思诞辰200周年大会上的讲话》,《人民日报》2018年5月5日。